康裕民

博士/著

人壽保險業務的
入門與命脈
人壽保險推銷循環十步

五南圖書出版公司 印行

推薦序 1

　　康教授這一本壽險行銷的書，已經規畫很久很久了，在職時他忙於教學與研究工作，課暇之餘，還遊走各大壽險公司擔任行銷訓練講師，根本分身乏術，所以我就一直稱這本書為「傳說中的行銷祕笈」。

　　日前，康教授 LINE 我說書他已經寫好了，也與出版社簽了約，邀我幫他寫一篇推薦序。我想這次是玩真的啦！真恭喜壽險業的業務人員們，一套行銷理論經過他 30 多年的演練，已是爐火純青的境界，著實也經過很多壽險業務同仁立業的驗證，所以我想稱這本書為「成功的壽險行銷祕笈」乃實至名歸，確實為坊間不可多得的經典的壽險行銷大全，故本人樂為之推薦！

逢甲大學金融學院前院長／風險管理與保險系所教授

陳森松

於 2024 年初春

推薦序 2

　　50 年前進入保險界，工作是組訓，輔助基層的推廣工作，當時稱其爲拉保險（社會普遍認爲推銷保險爲不得已的工作），沒有方法、技巧、話術……，憑的是人脈、熱誠，從親友、同學開始，因此市場上有蠻多的糾紛。

　　保險司及業界爲求健全發展，甄試贊助優秀員工出國深造，大多都選擇精算、再保、危險管理等辦公室內的專業。作者願鑽研外勤領域相關專題，學成歸國，發揮所長，促進金融保險的進步，實在難得。

　　建議大家閱讀本著作之前，請用 Google 搜尋康博士的相關資料，便能了解其在保險、金融、管理多方面的成就，不愧是保險推廣、組織、行銷、管理大師。

前中嘉有線公司副總經理

陳怡文

推薦序 3

康老師一直是台灣人壽保險業的奇蹟般的存在，很榮幸能作為康裕民博士的學生，我對於這本《人壽保險業務的入門與命脈：人壽保險推銷循環十步》的推出感到格外振奮。我不僅是一名跟隨老師近 30 年的學生，更是見證老師在學術界培育超過 7,000 位大學生、在學術領域與業界貢獻，因此仰慕再三的讀者。

這本書深入淺出，整合式探討人壽保險業務中推銷的關鍵步驟，提供實用的工具與心法，讓讀者能夠更深入的了解並應用這些步驟，進而傳遞保險的真諦。本書的每一個章節都經過精密的編排，以康老師獨到的教學風格，清晰且有深度的解釋了人壽保險推銷的核心價值與特殊的技巧。

本書內容闡述行銷十步循環，從市場開拓、尋找準保戶到最後的服務與跟催，康老師透過自己豐富的學術研究和實務經驗，提供一個全面性的工作指南。不僅是一本入門書，更能讓讀者如沐春風，彷彿在課堂上接受老師的悉心教導，被引領著一步步踏入這個具有挑戰性且充滿機會的保險殿堂。

康老師是台灣少數的美國保險博士，擁有 47 年的壽險、健康險學界和業界經驗，以及享有眾多學術與業界的榮耀。老師的歷練讓本書的內容充滿學理與實務結合的喜悅、理論知識的精采結晶，更可譽為可以傳承百代的實戰經驗的手冊。

我相信這本書將成為學術界和業界專業人士的必讀之

作。它將為那些初進入人壽保險業務的新人提供實用的指南，同時為有經驗的專業人士提供深化和擴展知識的機會。

最後，我要向康裕民博士，也是我的恩師，表示由衷的敬意。年近七旬的他，仍是那麼的堅持與有毅力，而且本書孜孜不倦追求卓越的有力見證，也必將成為他學術傳承的經典之作。

本書在推廣人壽保險業務知識、培養專業人才必然成功！感謝老師對學術事業與保險事業的偉大貢獻。

遠雄人壽保險公司總經理

趙學欣

推薦序 4

有幸爲康老師的大作推薦，是我畢生極大的榮耀！

我與康教授相識，需追溯至民國 87 年，當時老師是逢甲大學保險研究所的所長，而我是壽險公會績優人員的受獎者，老師主辦一場「壽險邁向成功行銷之路」的專題演講，而我躬逢其盛。

轉眼 26 年過去，這期間，康老師不僅成爲我的恩師，更是我壽險生涯的一盞明燈。若沒有康老師的教誨，不可能會有今天的我！

保險是全世界最偉大的發明，而康老師更是這偉大事業的翹楚。康老師在「保險行銷」及「組織行爲」的領域，可謂爐火純青，無人能及！《人壽保險業務的入門與命脈：人壽保險推銷循環十步》一書，不僅兼顧理論與實務，更是壽險行銷與組織發展的寶典。相信本書的問市，絕對是保險界的一大福音！

誠如康老師所言：「你是在經營你的人生，你不是在做保險。」詳讀本書並落實執行，你的人生必定精采無比、受益無窮！

逢甲大學 EMBA 北區聯誼會前會長／富邦人壽保險公司處經理

劉約崙

2024 年 3 月

作者序

　　從 1993 年回到逢甲大學任教至今也超過了 30 個年頭，我非常享受這個工作，看到生命在成長，拯救了幾個走歪路的生命。尤其是有幸多年執教了「保險行銷」及「組織行為」兩科，也深深地愛上了這兩科的內容。商學院或金融學院教授了很多技巧相關的課程，諸如：會計、經濟、統計、電腦、行銷、研究方法等，然而人際關係相關的課程卻很少。組織行為包含了心理學、社會學、社會心理學、政治學及人類學，都很少在商學院或金融學院的課程中看到，但這些軟能力才決定了成功的關鍵。而「推銷學」（Selling）更是罕見於課程表，可能是缺乏師資，也可能是歷史因素使然，但綜觀實務界的需要，缺乏推銷的能力實在是一切問題的根本。

　　台灣自 1954 年開始舉辦大學聯考，但一直沒有行銷學學系及人力資源管理學系，就保險行銷來講這是兩個最重要的學系。直到西元 2000 年，國立中興大學農產運銷學系改名為行銷學系；逢甲大學自西元 2009 年才創立行銷學系；國立中央大學在西元 1994 年 8 月成立人力資源管理研究所；國立中山大學人力資源管理研究所自西元 1993 年 8 月創立至今，而當時都只有研究所，沒有大學部學系。這 40 至 50 年的空窗期，耽誤了不少人才的培養，也導致所有問題的產生。

　　推銷與行銷是不同的，行銷談的是 4P，是總公司在規畫的商品、價格、通路及促銷；而推銷講的是推銷循環十步。推

銷只是促銷策略其中的一支，是業務單位在執行的。很遺憾的，保險公司多是業績掛帥，只會催業績、辦競賽：高峰會、倍增月、董事長盃、出國，培養人才只是掛在嘴邊，任憑業務人員自生自滅，用責任額當大刀，砍掉業績不好的。雖然訓練部很專業的在做，聘用了很多人力，但由於專業不夠，選才不力，效果十分有限。

回國任教也有一事備感挫折，就是學生對英文的接受度不高，然而美國的教科書都寫得非常好，於是我花了一半以上的時間在翻譯。上課要使用英文課本或中文課本的抉擇，對一個老師來講實在是一個兩難的問題，用英文課本學生理解慢甚至沒碰，用中文課本不但翻譯翻得不好，通常慢了一版，學生英文程度也越來越差。這本書我一開始是不想寫的，因為用英文的書就夠了，但有一次在文心南三路的上明眼鏡行配眼鏡，遇到老闆曾于鈞小姐，她是逢甲大學的光學碩士校友，言談間她提到：「不是很多人看得懂英文，老師應該把經驗用中文寫下來傳承。」我覺得很有道理，促成了這本書出版的因緣，也要特別感謝她。

本書談探討推銷循環十步，這是壽險行銷的入門，也是壽險行銷事業的命脈。十步可以寫十本書，每一步都非常重要，好比練武功，一套有十招，十招是一式，必須融會貫通，才能發揮效能到極致。推銷是一件困難的工作，心理素質必須很強大，經常受到拒絕，社會地位不高，有很多的客戶是奧客，家

人也誤解這是求人的工作。不過，實際上推銷是一個具高度挑戰且有回報的工作，尤其是人壽保險的推銷。

美國天普大學保險博士

康裕民

目 錄 *Contents*

第一章

前　言

　　筆者在大學風險管理與保險學系執教了 30 年，發現了一些現象：學生、家長與整個社會大眾對壽險行銷產生一個很大的誤解。而這個誤解需要很長的時間去改正，可能是早期壽險業不當的展業行為，造成台灣社會對壽險業靠人際關係展業的模式相當排斥。殊不知在英國、美國等先進國家，壽險業一直是金融業的翹楚，一定要先有保險保障才能再談其他財務規畫。美國的康乃狄克州曾因壽險業的高所得，名列全美平均收入第二高的州，僅次於哥倫比亞特區。然而國人卻有完全不同的成見，連主修保險系的學生都有一半以上的人不願意從事保險事業，這或許跟台灣的教育制度有關，但最主要的成因還是社會大眾對壽險業的誤解。

　　所以本書將從正確的態度建立開始談起，然後再談習慣及灌能。如果你能早日視壽險行銷為專業生涯，你將會擁有一個豐富又美滿的人生。

　　本書將深度檢視人壽保險銷售循環十大步驟，詳細的探討

將在本書中介紹，本書將分為 10 個章節：1. 前言；2. 市場開拓與尋找準保戶；3. 趨近前準備；4. 趨近；5. 銷售展示技巧；6. 拒絕處理；7. 試探性成交；8. 成交技巧；9. 服務與跟催；10. 結論。其中兩章試探性成交併為一章。

人壽保險是很少數的利用人海戰術等螞蟻雄兵為行銷通路的產業。所謂的零售業是將商品及相關服務提供給消費者作為最終消費之用的活動，也就是最後一線接觸消費者的行銷活動。如果依照這個定義，我們在大街上看到的銀行、醫院、牙醫診所、中西藥房、雜貨店、保險公司、代書、食／衣／住／行等實體通路都可視為零售商。這些主其事的人，一定對其從事的行業充滿盼望並全心投入。然而，我們若仔細檢視，最後一線接觸消費者的就是推銷，但是這些人之中很少人修過「推銷學」。

在只有 60 年歷史的人壽保險業，由於商品牽涉到國人忌諱的死亡，保險公司初期推廣業務的不當手法，導致國人的社會觀念不是很正確，社會大眾因此認為從事人壽保險業並不是很高尚的職業，增員變得很困難，甚至動機不是很正確，也因此很難找到適當的人才來從事這個行業，尤其是從事業務的工作。加上業務的工作並不容易，真的唸保險或行銷，而後開始壽險行銷業務工作的人真是少之又少；特別關鍵的是，從業人員之中的業務主管大多沒修過「推銷學」。本書就是基於這些觀念，試著完整介紹「推銷循環」，希望能提升人壽保險公司

業務工作的效能，走回正確的保險行銷觀念。

　　有一位壽險業前輩常把這句話掛在嘴邊：「壽險行銷絕對不是難題，它只是一些步驟而已；只有在不成為步驟的時候，壽險行銷就會成為難題！」就如這句話所云，壽險行銷只是一些步驟而已，不管是銷售循環的十大步驟，或是壽險銷售管理的七大系統，都只是一些步驟而已；在無法成為步驟或系統的時候，問題就會出現了。譬如說，銷售循環的第一步驟「市場開拓與尋找準保戶」，一個業務員如果沒有每天拓展準保戶，他或她一定會遇到難題，甚至無法達成責任額而被考核掉，無法繼續這個工作。

　　其實每個人就只有這一生，你只能活一次（或你只能死一次），每一個生物都會經歷生、老、病、死的階段。你可以從事任何行業，有的人甚至一生從事過很多行業，但總的來說，你是在經營你的人生，你不只是在做保險。日本名企業家稻盛和夫曾經說過：「人生不是一場物質的盛宴，而是一次靈魂的修煉；使它在謝幕之時比開幕之初更為高尚。」

　　人力資源管理中對員工職業崗位資質的描述模型為KSAO，其中 K（Knowledge）是指執行某項工作或任務需要的具體資訊、專業知識及職位知識。S（Skill）是指在工作中運用某種工具或操作某種設備，以及完成某項具體工作或任務的熟練程度，包括實際的工作技巧和經驗。A（Ability）包括人的能力和素質，如空間感、反應速度、耐久力、邏輯思維能

力、觀察能力、基本的表達能力等內容。O（Others）其他特質、心態、態度，主要是指有效完成某一工作需要的其他個性特質，包括對員工的工作要求、工作態度、人格個性，以及其他特別要求。

KSAO 的 4 個項目一般是透過正規的學校教育、在職培訓，或者是工作實踐獲得。傳統的人力資源管理一般主要關注員工的 KSAO，而現在越來越多的公司開始關注員工的勝任特質，即把表現優秀的員工和表現一般的員工區分開來，分析深層的潛在特質，在評價員工的能力水平時，採用勝任特質比採用 KSAO 更合適。

勝任力（Competency）這個概念最早是由哈佛大學教授大衛‧麥克力蘭在 1973 年正式提出，是指能將某一工作中有卓越成就者與普通者區分開來的深層特質，它可以是動機、特質、自我形象、態度或價值觀，以及某領域知識、認知或行為技能等可以被可靠測量或計數的，並且能顯著區分優秀與一般績效的個體特質。

第一節　知識（Knowledge）

美國壽險行銷研究協會（LIMRA）在很久以前就提出 KASH（知識／態度／技巧／習慣）的概念，其中 K 指知識，這裡列出主要的 10 種知識：

1. 產業的知識

這裡我們談的是壽險業。事實上,人壽保險的風險轉移方式可以追溯到 2,500 多年前的希臘社會。1699 年第一個相互保險組織在英國出現,1720 年兩家英國的股份公司成立。台灣自 1962 年開放民營壽險公司,1963 年開始營業至今也有 60 年之久,這中間經歷了很多的波折,在這產業中的從業人員應該對產業的知識要有相當程度的了解。從老台商、新台商、外商的歷史、規模、特色、優勢、缺點等,應該對產業的知識要有充分的了解。

2. 公司的知識

對於任職的公司,從公司的願景、公司的使命、公司的組織、公司的沿革、公司的核心價值、公司的經營理念、公司的商品到公司的文化,都應該盡量去了解。當然,公司的定位、競爭的優勢及公司的財務狀況的知識也都要知道,才能取得客戶的信任。

3. 競爭的知識

對於競爭公司的知識應該盡量的蒐集,尤其是規模差不多的公司。但是競爭不只是指同產業的公司,如壽險公司;其他會瓜分客戶的資源的食、衣、住、行、育、樂等產業也是競爭,因此客戶對這些項目的優先偏好也必須有正確的了解。

4. 客戶的知識

古人有云：「知己知彼，百戰百勝。」故必須能徹底的了解客戶的需求，以及了解客戶的問題。人壽保險主要能提供的保障在於死亡或殘廢對家庭帶來的不良影響，如醫療、長期看護的重大金錢負擔，以及意外所造成的風險。要能正確設計適當的保障，必須對客戶的保險所能保障之質與量的需求有十分清楚的了解。從既有的社會保險、員工福利到欲求的生活水準的差距，就是客戶需要的商業保險，也就是所謂的保單健檢。

5. 自己能力的優缺點

既然選擇了壽險行銷這一個職涯，就應該準備需要的知識與技巧。如果你的教育背景非商科，亦非保險、行銷，你更應該加倍的充實自己，因為你已經輸在起跑點。你應該確實的分析自己能力的優缺點，**繼續發展自己的優點，努力修正自己的缺點**。這樣，才會有成功的機會。

6. 自己的長短期目標

想要在任何一個職涯中成功，必須努力去達成階段性的目標，在保險行銷這個專業亦無例外。一般而言，循序漸進的由低階職位邁向高階的職位，由非管理職的業務員逐步晉升到管理職的主任、襄理、副理、經理等，各公司不同職位的名稱稍有差異。有些業務員不願意處理人際關係，不帶人，走專業推銷路線也是常見的案例，但大部分的公司都鼓勵增員、發展組

織。總之，業務員如果想將工作發展爲事業，達成短期及長期
目標是一定要的。

7. 成功業務員的知識

成功的業務員需要具備多方面的知識和技能。以下是一些
成功業務員應該具備的知識：

(1) 公司知識：業務員需要了解公司的成長史、願景、特
色及領導人等方面的資訊。

(2) 產品知識：業務員需要對自己銷售的產品或服務有完
整的了解，包括獨特賣點。

(3) 行業知識：業務員需要熟悉整個行業，並能夠隨時更
新相關知識。

(4) 銷售技巧：業務員需要掌握各種銷售技巧，例如溝
通、談判和關係建立等。

(5) 市場分析：業務員需要了解市場趨勢、競爭對手和客
戶需求等方面的資訊。

以上是一些成功業務員應該具備的知識。當然，還有其他
方面的技能和知識也很重要，例如人際關係、時間管理和問題
解決等。

8. 推銷循環的步驟

推銷循環的步驟計有十大步驟，如下圖示：

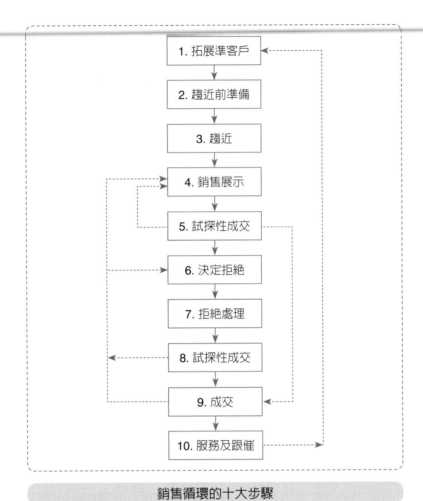

1. 拓展準客戶

2. 趨近前準備

3. 趨近

4. 銷售展示

5. 試探性成交

6. 決定拒絕

7. 拒絕處理

8. 試探性成交

9. 成交

10. 服務及跟催

銷售循環的十大步驟

9. 推銷活動及工作的知識

推銷的活動主要有下列 8 個：(1) 尋找準保戶；(2) 需要分析；(3) 銷售及成交；(4) 保單管理；(5) 目標設定及計畫；(6)

人脈網絡；(7) 維持專業水準；(8) 自我管理。

　　推銷的工作主要有下列 10 個：(1) 發展準客戶轉爲客戶；(2) 再次銷售予現有客戶；(3) 與客戶建立長久關係；(4) 對客戶的問題提供解決；(5) 提供客戶高品質的服務；(6) 從客戶及影響力中心處得到推薦；(7) 協助客戶購買後使用商品；(8) 與客戶建立好的商譽；(9) 提供公司市場及客戶的資訊；(10) 在社區中發展名聲。

10. 商品及其 FAB 的知識

　　做爲一個壽險業務員，你當然要對公司的商品，以及商品的功能、優點、對客戶的好處要有深入的了解，才能提供客戶正確的保單設計。

第二節　態度（Attitude）

　　這裡列出壽險從業人員應該具備的 5 種態度：

1. 忠於產業、公司、通訊處、主管的態度。

2. 以眞誠對待每位客戶的態度。

3. 勤於每天的工作的態度。

4. 追求成功的壽險行銷事業生涯的態度。

5. 凡事樂觀、積極、進取、正面思考的態度。

　　態度凌駕一切！再優秀的人才，態度如果不正確，他的成就將有限；相反的，如果態度正確，一定會有優越的表現。

第三節　技巧（Skill）

　　這裡列出壽險從業人員應該學習的 6 種技巧：

1. 推銷循環的十大步驟的技巧。

2. 建立關係的技巧。

3. 專業工作的技巧。

4. 鍛鍊技巧的方法。

5. 博得喜歡及信任的技巧。

6. 測試及檢測技巧的成效。

　　技巧非常重要，技巧是我們從工作及生活上所發展出來的，技巧也是我們在工作市場上的通貨。

　　有些技巧你可以帶著從上一個工作，帶到下一個工作。可以發展的可轉移技巧有：

1. 溝通技巧。

2. 問題解決。

3. 目標設定、規畫。

4. 執行、完成。

5. 時間管理。

6. 學習。

7. 組織。

8. 團隊。

9. 領導。

10. 友好。

第四節　習慣（**Habit**）

　　這裡列出壽險從業人員應該發展的主要 7 種習慣：

1. 養成良好的工作習慣。

2. 預先編排工作的習慣。

3. 天天尋找準保戶及準增員名單的習慣。

4. 定期約訪的習慣。

5. 有助於成功銷售的習慣。

6. 定期檢討的習慣。

7. 不斷追求新知的習慣。

　　以上這些 KASH 所提及的內容，都必須常常去檢視及演練，方能有所成。

第五節　人生的兩大能力

　　在經歷這麼多年的職場及大學教學的經歷之後，我個人認為人生最重要的是要及早擁有 2 個主要的能力：

1. 概念化技巧

　　是指能將抽象或複雜的情境予以概念化的能力。一個人必

須能夠將抽象或複雜的情境予以概念化，他或她必須由整體的觀點來看組織，了解不同部門之間的關係，並構思如何調整組織以適應外在環境。這包括：目標設定、計畫、自我定位、生涯規畫，以及全球化的觀點等。

2. 自我勝任感

是指：(1) 個人自認能勝任某特定工作的感覺；(2) 相信沒有外在的障礙可以阻止我完成這個目標。

自我勝任感的建立，吾人能透過下列 4 個方法來提升自我勝任感：

(1) 掌握經驗：平日與客戶互動及公司與業界的訓練要能內化其經驗。

(2) 引發同感：跟壽險業有關的專業知識、證照的取得能引發同感。

(3) 言語說服：主管更必須以言語或文字說服業務同仁肯定自己對壽險事業的選擇。

(4) 激發鼓舞：透過業績及各種競賽來激發鼓舞業務同仁的士氣。

第六節　人生的六大技巧

筆者經由其他系列叢書及學生的回饋，總結人生的六大技巧。

很多心理學所涉及的技巧，往往比專業技巧來的更為重要也更難學習，常被討論的有 6 種：1. 自尊；2. 自信；3. 自律；4. 正面思考；5. 抗壓發光；6. 成功的企圖心。

自尊是指我們對自己尊敬的程度，自尊是根據與人們的尊重互動發展而成。早年生活的鼓勵對自尊是有幫助的。在完成真正的成就後，獲得讚美和認可是很重要的。鼓勵自我獎勵的領導力可以增強自尊。童年的正面經歷引領高自尊非常重要：受到表揚、被傾聽、談話時受到尊重、獲得關注和擁抱，以及在體育競賽或學校成績取得成功／做得很好，然後獲得認可；相反地，童年的負面經歷也會導致低自尊：受到嚴厲批評、被大吼大叫或毆打、被忽視、被嘲笑或取笑、被期望永遠「完美」，以及在運動競賽或學校成績中的許多失敗經歷，這些失敗的經歷會導致整個自我的失敗。

另一個很重要的要素是自信。獲得自信的來源有下列幾種：實際經驗（完成的事情）、他人的經驗（建模）、社會比較（將自己與他人進行比較）、社會說服（他人說服）、情緒喚起（感覺）。積極的自我對話如：客觀地陳述關於自我價值的事件、解釋事件的含義、說明事件原因、說明如何防止事件再次發生，要常常使用積極的自我對話；避免消極的自我對話，讓低自信體現在陳述中，例如：「我可能很愚蠢，但是……」、「我知道我通常錯了，但是……」。不要使用負面的自我標籤，例如：「白癡」、「醜陋」、「沉悶」、「失

敗者」和「絕望」，負面的自我標籤會損害自信心。

其他如自律、正面思考、抗壓、成就的企圖心等也都會影響績效及表現，吾人不得輕忽之。

第七節　平衡你人生的六大要素

了解及平衡你的**個性、興趣、動機、目標、才情及機會**，對你的整體表現都會有很大的影響。想要在人生的旅程中獲得職涯上的成功，不太容易，但也不是太難。一般而言，人的智商差異不會太大，但是個人的成就差異會很大。我常跟學生講：「你不是在做保險，你是在經營你的人生。」在人生的各階段及早了解及平衡你的個性、興趣、動機、目標、才情及機會，做好時間管理及職涯規畫，努力的學習，有計畫的向上攀爬，你一定會有所成就的。

第二章至第九章將對推銷循環主要的步驟做詳細的說明。

第二章

市場開拓與尋找準保戶

　　這是推銷循環的第一步，也是非常重要的一步，甚至被稱為推銷的命脈。一個業務員必須要有充分的市場與準保戶名單才能做好業務。沒有準保戶的業務員就好像沒有病人的醫生、沒有學生的老師，是無法執業的。你會因為有幾個名單進入這個行業，你也會因為沒有幾個名單而離開這個行業，一個業務員想要在這個行業成功，他或她必須先做好推銷循環的第一步。

　　本書專注在人員銷售——行銷學中促銷的一支。我們將就行銷學中人員銷售的重要部分做一詮釋，這相當的重要，能徹底的了解及認真的執行，將對你銷售生涯的成功有十足的貢獻。

　　首先有一個問題值得我們探討：為什麼很多人的業績會起起伏伏？知道這個問題的為什麼非常重要，因為你可以避免產生類似的問題。而這問題的原因是因為業務員沒有經常性的在拓展準保戶名單。一個個案從列名單到成交，需要一定的時

間序列，通常業務員會投入全部的精力在幫這位準保戶規畫保單、發展各年的解約金表，如果在這期間，業務員沒有拓展新的準保戶名單，一旦該名準保戶決定購買或不購買，回過頭來他或她就沒有其他準保戶談保險的安排，其業績就會掉下來。所以一個業務員必須隨時發展準保戶，才可能維持一定的業績，而不至於讓業績起起伏伏。

第一節　五本 100 人計畫

美國的壽險行銷研究協會（LIMRA）發展了五本 100 人計畫：計畫 100、企業 100、退休 100、大學 100 及高階 100。

▌計畫 100 ▌

是協助對於剛進入壽險業行銷的人找出市場的形態。稍後你將習得經過證實的方法去遇見新的準客戶、去擴充你的緣故市場。這個表格包括來源代碼、資料內容、人名及職業，詳細說明如下。

來源代號：1.同學；2.親戚；3.鄰居；4.家人的朋友；5.小孩的朋友；6.同好；7.宗教上熟人；8.社交上熟人；9.社區活動者；10.同事；11.新婚者；12.新添孩子；13.新屋落成者；14.換新工作者；15.業務往來者。

資料內容有：月所得；年齡；婚姻狀況；認識時間；認識程度；去年見面次數；接近難易；分級標準；職業；介紹能力。

職業有：學生；家庭主婦；專業技術人員：會計師、工程師、醫師、教師、高階銷售代表；企業主：經理、幹部、承包商、銷售經理；職員：祕書、中介人員、郵務人員、船務代理職員、師傅、操作員、勞工、麵包師、技師、公車駕駛、水電工、卡車司機、加油工、軍人、農人、服務業人員、農場工人、理髮師、警官（察）、服務生；退休人員。

當你完成不多不少 100 個名單，以來源分別小計，記載在計畫總表，然後進行仔細的分析，應該會發現原來你也可以有很大、很多的市場。這裡要提醒主管，要幫助新業務員分析每一來源代碼及資料內容。

筆者認為，這個總表是最容易被忽略，但應該是最重要的部分，大部分的主管或保險公司只是要求新人填 100 個名單，然後要求他們去拜訪這 100 個人，最後常常是先應付做業績，對於 100 個名單往往是不了了之。而事實上，如果仔細去分析這個總表所代表的意義，業務員可以帶出更多的名單，也會對自己的市場更加了解。

計畫 100 範例

來源碼	B	B	B	B	B	B	B	A	A
A 學校朋友 B 家庭朋友 C 鄰居 D 配偶朋友 E 小孩朋友 F 嗜好朋友 G 教會朋友 H 社會朋友 I 社區活動 J 過去就業 K 新婚人士 L 新父母 M 新屋主 N 新換工作 O 業務往來	林 X X	林 X X	林 X X	林 X X	林 X X	陳 X X	陳 X X	王 X X	吳 X X
年收入	60 萬	60 萬	90 萬	30 萬	80 萬	90 萬	60 萬	40 萬	50 萬
年紀	25 歲	25 歲	35 歲	40 歲	35 歲	40 歲	50 歲	35 歲	35 歲
職業	專業 人員	專業 人員	職員	職員	業務 員	業務 員	職員	經理	經理
婚姻	單身	已婚	已婚	有小 孩	有小 孩	有小 孩	有小 孩	有小 孩	有小 孩
認識長度	5 年 以上	5 年 以上	2-5 年	2-5 年	5 年 以上	5 年 以上	2 年 以下	5 年 以上	5 年 以上
認識多深	普通 朋友	普通 朋友	普通 朋友	好朋 友	好朋 友	普通 朋友	好朋 友	好朋 友	好朋 友
去年見面次數	3-5 次	3-5 次	3-5 次	1-2 次	3-5 次	3-5 次	1-2 次	3-5 次	3-5 次
可否趨近	相對 容易	相對 容易	很容 易	有些 困難	有些 困難	很容 易	很容 易	相對 容易	相對 容易
提供轉介	普通	普通	普通	很好	很好	很好	困難	困難	困難

計畫 100 表單

來源碼									
A 學校朋友 B 家庭朋友 C 鄰居 D 配偶朋友 E 小孩朋友 F 嗜好朋友 G 教會朋友 H 社會朋友 I 社區活動 J 過去就業 K 新婚人士 L 新父母 M 新屋主 N 新換工作 O 業務往來	名字								
年收入									
年紀									
職業									
婚姻									
認識長度									
認識多深									
去年見面次數									
可否趨近									
提供轉介									

計畫 100 表單項目說明

年收入	36 萬元以下；36-60 萬元；60-100 萬元；100-200 萬元；200 萬元以上
年紀	25 歲以下；25-34 歲；35-44 歲；45 歲以上
職業	學生；家庭主婦；專業人員；技術人員；企業主；經理；職員；業務員；工人；軍人；農人；退休人員
婚姻	單身；已婚；有小孩
認識長度	5 年以上；2-5 年；2 年以下
認識多深	好朋友；普通朋友；認識
去年見面次數	5 次以上；3-5 次；1-2 次；完全沒有
可否趨近	很容易；相對容易；有些困難；可能不行
提供轉介	很好；好；普通；困難

計畫 100 總表

來源碼	A	B	C	D	E	F	G	H	I-O	總數
總數										100
年收入										
年紀										
職業										
婚姻										
認識長度										
認識多深										
去年見面次數										
可否趨近										
提供轉介										

▌企業 100 ▐

　　包括服務業、專業目標產業、輕工業、零售業的業主及員工，一個企業各 10 個人，總共有 100 個名單。員工數目、法人實體、客戶業務如何、持續性考慮知名度、可否趨近、去年見幾次、提供推薦的能力等，以上這些則是業務員要收集的資料。

(1) 中小企業主

企業 100：服務業

來源碼									
A 支票簿附聯 B 信用卡收據 C 電話簿 D 黃頁 E 朋友 F 鄰居 G 家族 H 準保戶名冊 I 保戶檔案 J 小孩 K 社會接觸 L 社區活動	名字／企業	名字／企業	名字／企業	名字／企業	名字／企業	名字／企業	名字／企業	名字／企業	名字／企業
員工人數									
法人實體									
客戶									
生意做得如何									
連續性考慮									
認識多深									
可否趨近									
去年見面次數									
提供轉介能力									

企業 100 表單項目說明

員工人數	1 人；2-9 人；10-49 人；50-99 人；100 人以上
法人實體	獨資；合夥人；公司
客戶	是；不是
生意做得如何	新；掙扎；平穩；成長；繁榮
連續性考慮	家族介入；專業；連鎖；其他
認識多深	好朋友；普通朋友；認識
可否趨近	很容易；相對容易；有些困難；可能不行
去年見面次數	5 次以上；3-5 次；1-2 次；完全沒有
提供轉介能力	很好；好；普通；困難

企業 100：專業

來源碼									
A 支票簿附聯 B 信用卡收據 C 電話簿 D 黃頁 E 配偶朋友 F 小孩朋友 G 教會朋友 H 社會朋友 I 畢業名冊 J 校友名冊 K 聖誕卡名冊 L 準保戶名冊 M 保戶檔案 N 專業協會 O 專業刊物 P 教練 Q 鄰居 R 朋友 S 社區活動	名字 ／企 業	名字 ／企 業	名字 ／企 業	名字 ／企 業	名字 ／企 業	名字 ／企 業	名字 ／企 業	名字 ／企 業	名字 ／企 業
員工人數									
法人實體									
客戶									
生意做得如何									
連續性考慮									
認識多深									
可否趨近									
去年見面次數									
提供轉介能力									

企業 100 表單項目說明

員工人數	1 人；2-9 人；10-49 人；50-99 人；100 人以上
法人實體	獨資；合夥人；公司
客戶	是；不是
生意做得如何	新；掙扎；平穩；成長；繁榮
連續性考慮	家族介入；專業；連鎖；其他
認識多深	好朋友；普通朋友；認識
可否趨近	很容易；相對容易；有些困難；可能不行
去年見面次數	5 次以上；3-5 次；1-2 次；完全沒有
提供轉介能力	很好；好；普通；困難

企業 100：你的目標市場

來源碼									
A 過去工作認識 B 朋友 C 業務員 D 產業雜誌 E 新聞文章 F 鄰居 G 退休人士 H 家族 I 黃頁 J 舊的福利聲明 K 準保戶名冊 L 員工名冊 M 產業目錄 N 法律聲明 O 銀行家 P 準保戶名冊 Q 保戶檔案 R 產業供應商	名字 /企 業	名字 /企 業	名字 /企 業	名字 /企 業	名字 /企 業	名字 /企 業	名字 /企 業	名字 /企 業	名字 /企 業
員工人數									
法人實體									
客戶									
生意做得如何									
連續性考慮									
認識多深									
可否趨近									
去年見面次數									
提供轉介能力									

企業 100 表單項目說明

員工人數	1 人；2-9 人；10-49 人；50-99 人；100 人以上
法人實體	獨資；合夥人；公司
客戶	是；不是
生意做得如何	新；掙扎；平穩；成長；繁榮
連續性考慮	家族介入；專業；連鎖；其他
認識多深	好朋友；普通朋友；認識
可否趨近	很容易；相對容易；有些困難；可能不行
去年見面次數	5 次以上；3-5 次；1-2 次；完全沒有
提供轉介能力	很好；好；普通；困難

企業 100：輕工業

來源碼									
A 黃頁 B 產業園區目錄 C 鄰居 D 家族 E 社會俱樂部 F 社區活動 G 新聞文章 H 朋友 I 準保戶名冊 J 保戶檔案 K 姻親 L 銀行家 M 退休人士 N 供應商 O 產業業務員	名字／企業	名字／企業	名字／企業	名字／企業	名字／企業	名字／企業	名字／企業	名字／企業	名字／企業
員工人數									
法人實體									
客戶									
生意做得如何									
連續性考慮									
認識多深									
可否趨近									
去年見面次數									
提供轉介能力									

企業 100 表單項目說明

員工人數	1 人；2-9 人；10-49 人；50-99 人；100 人以上
法人實體	獨資；合夥人；公司
客戶	是；不是
生意做得如何	新；掙扎；平穩；成長；繁榮
連續性考慮	家族介入；專業；連鎖；其他
認識多深	好朋友；普通朋友；認識
可否趨近	很容易；相對容易；有些困難；可能不行
去年見面次數	5 次以上；3-5 次；1-2 次；完全沒有
提供轉介能力	很好；好；普通；困難

企業 100：零售業

來源碼									
A 支票簿附聯 B 信用卡收據 C 電話簿黃頁 D 鄰里購物通告 E 例行送貨員 F 配偶 G 兒童 H 家族 I 鄰居 J 朋友 K 社會俱樂部 L 保戶檔案 M 準保戶名單 N 體育賽事專案 O 服務俱樂部會員	名字/企業	名字/企業	名字/企業	名字/企業	名字/企業	名字/企業	名字/企業	名字/企業	名字/企業
員工人數									
法人實體									
客戶									
生意做得如何									
連續性考慮									
認識多深									
可否趨近									
去年見面次數									
提供轉介能力									

企業 100 表單項目說明

員工人數	1 人；2-9 人；10-49 人；50-99 人；100 人以上
法人實體	獨資；合夥人；公司
客戶	是；不是
生意做得如何	新；掙扎；平穩；成長；繁榮
連續性考慮	家族介入；專業；連鎖；其他
認識多深	好朋友；普通朋友；認識
可否趨近	很容易；相對容易；有些困難；可能不行
去年見面次數	5 次以上；3-5 次；1-2 次；完全沒有
提供轉介能力	很好；好；普通；困難

(2) 小企業員工

企業 100：服務業員工

來源碼									
A 支票簿附聯 B 信用卡收據 C 電話簿 D 黃頁 E 朋友 F 鄰居 G 家族 H 準保戶名冊 I 保戶檔案 J 小孩 K 社會接觸 L 社區活動	名字 /企 業	名字 /企 業	名字 /企 業	名字 /企 業	名字 /企 業	名字 /企 業	名字 /企 業	名字 /企 業	名字 /企 業
員工人數									
法人實體									
客戶									
生意做得如何									
連續性考慮									
認識多深									
可否趨近									
去年見面次數									
提供轉介能力									

企業 100 表單項目說明

員工人數	1 人；2-9 人；10-49 人；50-99 人；100 人以上
法人實體	獨資；合夥人；公司
客戶	是；不是
生意做得如何	新；掙扎；平穩；成長；繁榮
連續性考慮	家族介入；專業；連鎖；其他
認識多深	好朋友；普通朋友；認識
可否趨近	很容易；相對容易；有些困難；可能不行
去年見面次數	5 次以上；3-5 次；1-2 次；完全沒有
提供轉介能力	很好；好；普通；困難

企業 100：專業員工

來源碼									
A 支票簿附聯 B 信用卡收據 C 電話簿 D 黃頁 E 配偶朋友 F 小孩朋友 G 教會朋友 H 社會朋友 I 畢業名冊 J 校友名冊 K 聖誕卡名冊 L 準保戶名冊 M 保戶檔案 N 專業協會 O 專業刊物 P 教練 Q 鄰居 R 朋友 S 社區活動	名字/企業	名字/企業	名字/企業	名字/企業	名字/企業	名字/企業	名字/企業	名字/企業	名字/企業
員工人數									
法人實體									
客戶									
生意做得如何									
連續性考慮									
認識多深									
可否趨近									
去年見面次數									
提供轉介能力									

企業 100 表單項目說明

員工人數	1 人；2-9 人；10-49 人；50-99 人；100 人以上
法人實體	獨資；合夥人；公司
客戶	是；不是
生意做得如何	新；掙扎；平穩；成長；繁榮
連續性考慮	家族介入；專業；連鎖；其他
認識多深	好朋友；普通朋友；認識
可否趨近	很容易；相對容易；有些困難；可能不行
去年見面次數	5 次以上；3-5 次；1-2 次；完全沒有
提供轉介能力	很好；好；普通；困難

企業100：你的目標市場員工

來源碼									
A 過去工作認識 B 朋友 C 業務員 D 產業雜誌 E 新聞文章 F 鄰居 G 退休人士 H 家族 I 黃頁 J 舊的福利聲明 K 準保戶名冊 L 員工名冊 M 產業目錄 N 法律聲明 O 銀行家 P 準保戶名冊 Q 保戶檔案 R 產業供應商	名字 /企 業	名字 /企 業	名字 /企 業	名字 /企 業	名字 /企 業	名字 /企 業	名字 /企 業	名字 /企 業	名字 /企 業
員工人數									
法人實體									
客戶									
生意做得如何									
連續性考慮									
認識多深									
可否趨近									
去年見面次數									
提供轉介能力									

企業 100 表單項目說明

員工人數	1 人；2-9 人；10-49 人；50-99 人；100 人以上
法人實體	獨資；合夥人；公司
客戶	是；不是
生意做得如何	新；掙扎；平穩；成長；繁榮
連續性考慮	家族介入；專業；連鎖；其他
認識多深	好朋友；普通朋友；認識
可否趨近	很容易；相對容易；有些困難；可能不行
去年見面次數	5 次以上；3-5 次；1-2 次；完全沒有
提供轉介能力	很好；好；普通；困難

企業 100：輕工業員工

來源碼									
A 黃頁 B 產業園區目錄 C 鄰居 D 家族 E 社會俱樂部 F 社區活動 G 新聞文章 H 朋友 I 準保戶名冊 J 保戶檔案 K 姻親 L 銀行家 M 退休人士 N 供應商 O 產業業務員	名字 /企 業	名字 /企 業	名字 /企 業	名字 /企 業	名字 /企 業	名字 /企 業	名字 /企 業	名字 /企 業	名字 /企 業
員工人數									
法人實體									
客戶									
生意做得如何									
連續性考慮									
認識多深									
可否趨近									
去年見面次數									
提供轉介能力									

企業 100 表單項目說明

員工人數	1 人；2-9 人；10-49 人；50-99 人；100 人以上
法人實體	獨資；合夥人；公司
客戶	是；不是
生意做得如何	新；掙扎；平穩；成長；繁榮
連續性考慮	家族介入；專業；連鎖；其他
認識多深	好朋友；普通朋友；認識
可否趨近	很容易；相對容易；有些困難；可能不行
去年見面次數	5 次以上；3-5 次；1-2 次；完全沒有
提供轉介能力	很好；好；普通；困難

企業 100：零售業員工

來源碼									
A 支票簿附聯 B 信用卡收據 C 電話簿黃頁 D 鄰里購物通告 E 例行送貨員 F 配偶 G 兒童 H 家族 I 鄰居 J 朋友 K 社會俱樂部 L 保戶檔案 M 準保戶名單 N 體育賽事專案 O 服務俱樂部會員	名字/企業	名字/企業	名字/企業	名字/企業	名字/企業	名字/企業	名字/企業	名字/企業	名字/企業
員工人數									
法人實體									
客戶									
生意做得如何									
連續性考慮									
認識多深									
可否趨近									
去年見面次數									
提供轉介能力									

企業 100 表單項目說明

員工人數	1 人；2-9 人；10-49 人；50-99 人；100 人以上
法人實體	獨資；合夥人；公司
客戶	是；不是
生意做得如何	新；掙扎；平穩；成長；繁榮
連續性考慮	家族介入；專業；連鎖；其他
認識多深	好朋友；普通朋友；認識
可否趨近	很容易；相對容易；有些困難；可能不行
去年見面次數	5 次以上；3-5 次；1-2 次；完全沒有
提供轉介能力	很好；好；普通；困難

　　另外三本則是大學 100、退休 100 及高階 100。這樣的分類讓業務員能更清楚的區隔市場的需要。大學 100 的目的是在幫助你確認準保戶需要準備大學基金或其他交易基金。它同時幫你確認你這個市場中最好的準保戶，以及對不同的準保戶所需要準備及趨近的方法。退休 100 的目的是幫助你在銷售退休金計畫得到快速的開始。不管你是新人，或者是資深業務員，退休 100 將會幫助你確認在銷售、拜訪前所需要準備的資訊：拜訪的準保戶、退休計畫、潛在買者的趨近、你的訓練需要、你最具生產性的影響力中心（推薦人 / 介紹人）。高階 100 的目的則是幫助你在高階市場上正確使用人壽保險及相關產品：確認你可以拜訪的準保戶、幫助你點出該採用的趨近方法。它將確認你的信任需要，透過事先確定所需的資訊來幫助你為銷售拜訪做準備。這將使你的主管能夠提供所需的訓練及監督，他可以確定你最有效的影響力中心。

大學 100 表單

來源碼								
A 生日公告 B 洗禮公告 C 家長會會員 D 老師教練推薦 E 日照中心 F 宗教服務主日學 G 校友通訊 H 當前客戶 I 朋友 J 鄰居 K 你的小孩同學 L 配偶朋友 M 社區活動朋友 N 業務往來朋友	名字							
小孩數目								
最大的小孩達大學年數								
年收入								
婚姻								
大學畢業								
祖父母								
認識多深								
可否趨近								
提供轉介								

大學 100 表單填目說明

小孩數目	1 人；2 人；3-5 人；5 人以上
最大的小孩達大學年數	15-18 年；10-14 年；5-9 年；5 年以下
年收入	36 萬元以下；36-60 萬元；60-100 萬元；100-200 萬元；200 萬元以上
婚姻	單身；已婚；離婚；鰥寡
大學畢業	父親；母親
祖父母	外公；外婆；祖父；祖母
認識多深	好朋友；普通朋友；認識
可否趨近	很容易；相對容易；有些困難
提供轉介	很好；好；普通；困難

大學 100 總表

來源碼	A	B	C	D	E	F	G	H	I-N	總數
總數										100
小孩數目										
最大的小孩達大學年數										
年收入										
婚姻										
大學畢業										
祖父母										
認識多深										
可否趨近										
提供轉介										

退休 100 表單

來源碼								
A 家族成員 B 朋友鄰居 C 以前同事 D 配偶 E 社會俱樂部 F 服務俱樂部 G 專業接觸 H 社區活動	名字							
年收入								
淨值								
年紀								
婚姻								
小孩								
職業								
退休規畫態度								
退休目標								
可接觸性								

退休 100 表單項目說明

年收入	80 萬元以下；80-150 萬元；150-240 萬元；240-320 萬元；320 萬以上
淨值	320 萬以下；320-800 萬；800-1,600 萬；1,600 萬以上
年紀	45 歲以下；45-54 歲；55-65 歲；65 歲以上
婚姻	單身；離婚；鰥寡；結婚，一個人在賺錢；結婚，兩個人在賺錢
小孩	沒有；成長的家庭；青少年；空巢；孫子女
職業	養家者；專業人員；技術人員；高階主管；經理；職員；業務員；工人；軍人；農人；小企業主；退休人員
退休規畫態度	相信不需要規畫；感覺現在規畫足夠；感覺現在規畫不夠；現在不關心；不知
退休目標	想要早退休；想要維持現在的生活方式；想要改善；想要自足；不知
可接觸性	輕鬆進行推薦；輕鬆進行專業推薦；困難的

退休 100 總表

來源碼	A	B	C	D	E	F	G	H	總數
總數									100
年收入									
淨值									
年紀									
婚姻									
小孩									
職業									
退休規畫態度									
退休目標									
可接觸性									

高階 100

來源碼									
A 家族成員 B 朋友 C 以前同事 D 鄰居 E 配偶 F 社會俱樂部 G 服務俱樂部 H 專業接觸 I 社區活動 J 客戶 K 商業夥伴 L 準保戶名冊 M 直效回應	名字								
年收入									
淨值									
年紀									
婚姻									
小孩									
職業									
需要									
可接觸性									

高階 100 表單項目說明

年收入	80 萬元以下；80-150 萬元；150-240 萬元；240-320 萬元；320 萬以上
淨值	320 萬以下；320-800 萬；800-1,600 萬；1,600 萬以上
年紀	45 歲以下；45-54 歲；55-65 歲；65 歲以上
婚姻	單身；離婚；鰥寡；結婚，一個人在賺錢；結婚，兩個人在賺錢
小孩	沒有；成長的家庭；青少年；空巢；孫子女
職業	養家者；專業人員；技術人員；高階主管；經理；職員；業務員；工人；軍人；農人；小企業主；退休人員
需要	失能收入／資產保障；避稅；退休健康；小孩；慈善；企業
可接觸性	輕鬆進行推薦；輕鬆進行專業推薦；輕鬆沒有推薦；困難的

高階 100 總表

來源碼	A	B	……	M	總數
每個來源列出名字總數					100
年收入					
淨值					
年紀					
婚姻					
小孩					
職業					
需要					
可接觸性					

我們還可繼續發展創意、拓展市場，例如：直播主100（最新的一個族群）；SOHO族100；頂客族100；單親100；鰥寡100；廟公100；廟主委100；老師100；校長100；藥劑師100；護理師100；醫師100；軍人100；將官100；餐廳100；廚師100；新住民100；社團100；教徒100；校友100；（創意）100……。

　　當100人計畫傳入本國時，本地的保險公司加以修正附以分數，再從高分者開始拜訪，100人計畫表單請參考下頁。

　　100人計畫對新人是個非常有利的工具，應該針對這項工具對業務主管施予非常徹底的培訓。這樣，新業務員才能在一開始就建立正確又扎實的基礎功，奠定永續經營的能力。後續的跟催也必須嚴格落實，對業務能力的建立才能確保。至於分數的建立及遵從，也必須經常檢視其有效性，靈活的運用。

100 人計畫表單

來源種類 A 親戚　E 消費 B 朋友　F 社團 C 鄉親　G 同事 D 同好　H 同學		來源										
		姓名										
每月收入	$20,000 以下	5 分										
	$20,001-40,000	10 分										
	$40,001-70,000	15 分										
	$70,001-100,000	20 分										
	$100,001 以上	25 分										
年齡	25 歲以下	5 分										
	26-35 歲	10 分										
	36-45 歲	10 分										
	46 歲以上	5 分										
婚姻	單身	5 分										
	單身：有子女	15 分										
	已婚：無子女	10 分										
	已婚：有子女	15 分										
認識	2 年以內	5 分										
	2-5 年	8 分										
	5 年以上	10 分										
交情	平淡	5 分										
	普通	10 分										
	深厚	15 分										
一年內聯絡	3 次以下	5 分										
	4-7 次	8 分										
	8-11 次	12 分										
	12 次以上	15 分										
接近	非常難	2 分										
	有點難	5 分										
	容易	8 分										
	非常容易	10 分										
分級	標準	80 分以上：A 級	總分										
		61-80 分：B 級											
		41-60 分：C 級	等級										
		未達 40 分：D 級											
	說明	A 級：基本條件甚佳，締約機率最高之準保戶（須隨時保持至少 20 人）。 B 級：基本條件良好，善加培養即可躋身 A 級。 C 級：基本條件尚可，須加強培養。 D 級：基本條件較差，須耐心長期培養。											
介紹能力	差	0-2 人											
	可	3-5 人											
	佳	6-9 人											
	強	10 人以上											

第二節　壽險市場區隔行銷

學者 Harrell & Frazier 曾說過：「沒有 STP 步驟，你就不可能是行銷高手！」STP 是指區隔市場（S）、選定目標市場（T）及定位市場（P）。而區隔市場需依賴區隔變數，壽險業常見的區隔變數有 6 個：地理性、文化性、社會性、職業性、人口統計性及特定商品性。地理性如：國家、市、區、街、大樓等。文化性如：種族、語言、宗教等。社會性如：社團、同鄉、同學等。職業性如：軍、公、教、醫師、建築師、廚師等。人口統計性如：年齡、學歷、收入、性別等。特定商品性如：癌症險、教育基金、終身險、意外險等。新業務員可以先從自己熟悉的背景選擇 20 個市場，開始列名單，這樣做絕對會比無的放矢來的有效率。

第三節　一般人壽保險的目標市場

一般人壽保險的目標市場有：做你生意的人；青年人；女人的市場；小孩的市場；政府員工；專業人士；中小企業主；農夫的市場；社會社團；報章新聞；現有保戶；團體保險市場；退休市場；其他。

而市場定位的變數有：商品及專業；特色及利益；品質；設計規畫；服務；形象。

市場區隔為行銷程序，選定目標市場為行銷策略，市場定

位則為行銷戰術。如果你用心發展，你將會有很好的開始。

如果業務員能像本書前言所提到，訓練出足夠的自我勝任感，開發名單應該不是問題，現在的網路資訊十分發達，連黃頁都在網路上公開，在中華黃頁網路電話簿（https://www.iyp.com.tw）你可找到任何公司的資料。也有很多同學會都編成群組放在網路上，如何尋得，就看你的搜尋功力了。取得名單之後，你就可以進入下一個步驟──趨近前準備與趨近。

第四節　一般的人際關係

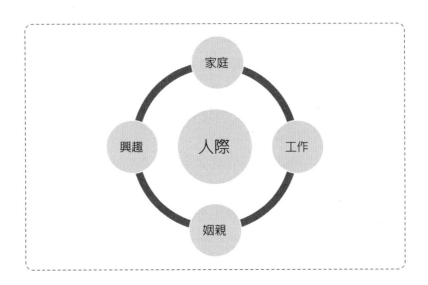

絕大部分的人在生活上都會發展出 4 種關係，即家庭、工作、姻親及興趣休閒。透過影響力中心，任何一個業務員可以

輕易的經由影響力中心建立你的市場。其步驟如下：1.發展影響力中心；2.經由推薦得到名單；3.連結關係；4.得到介紹；5.不要忘記表示感激。

第五節　拓展準保戶的方法

拓展準保戶的方法可以分為 14 種：1.親友及認識的人；2.無休無盡的鏈；3.影響力中心；4.非競爭業務員；5.陌生拜訪；6.觀察；7.名單及名冊；8.直接郵寄；9.孤兒保單；10.研討會；11.電話行銷；12.C級客戶／準客戶；13.網路拓展；14.其他創意。這些都要認真去執行，找出最有效的方法。

第六節　人壽保險的目標市場

人壽保險的目標市場又可分為：做你生意的人；青年人；女人的市場；小孩的市場；政府員工；專業人士；中小企業主；農夫的市場；社會社團；報章新聞；現有保戶；團體保險市場；退休市場；其他。

做你生意的人：如 1.食品；2.衣物；3.房東、地主、建造商、木匠、安裝鉛管工人、房地產；4.住戶，傢俱、電器用品以及各種修護的人員；5.汽車；6.專業服務；7.個人服務；8.百貨公司；9.公共事業；10.其它你會到他那裡買東西或消費的人。

青年人：如 1. 高中畢業生；2. 大學畢業生；3. 保戶和朋友的小孩；4. 剛退伍的人；5. 需奉養父母的人；6. 訂完婚的人；7. 剛結婚的人；8. 父母親很有錢的人；9. 社區及校友會活躍的人；10. 推銷員；11. 剛受雇新工作的人。

　　女人：如 1. 百貨公司；2. 產業界；3. 辦公室；4. 學校；5. 餐廳業；6. 服裝業；7. 企業業主；8. 專業人員；9. 公家機關；10. 已婚婦女；11. 有收入的寡婦；12. 有獨立財富的女人。

　　小孩：如 1. 保戶的小孩；2. 準保戶的小孩；3. 朋友或鄰居的小孩；4. 拒保戶的小孩；5. 有特殊資質的小孩；6. 學校；7. 新聞；8. 其他機構；9. 出生聲明；10. 影響力中心。

　　公務人員：如 1. 中央：郵政、司法、勞工、商務、農務、國防、財政、職業服務、住宅、衛生保健、教育、福利；2. 六都：公路、漁業、遊樂業、教育、衛生保健、法院、圖書館；3. 縣市：估稅員、收稅員、建築物檢查員、消防、員警、福利、衛生保健、街道、公園、休憩、用水及用電、機場、下水道設備、工程、公共衛生；4. 區：各級公務人員。

　　專業人員：如 1. 醫生：內科、外科、牙科、專科醫師；2. 律師；3. 建築師住家、工業用、事業機構、海上、庭園設計；4. 老師：教文法的學校、高中、音樂學校、大學、商業、藝術、歌唱、舞蹈；5. 工程師：土木、化學、廣播、機械、電力、公共衛生、航空、汽車；6. 會計師；7. 作家；8. 藝術家。

　　中小企業主：如 1. 汽車：附屬品、經銷商、修理的人、

輪胎、服務站；2. 建築物：空調、建築物用品、水泥、電力、熱力、油漆；3. 服飾業；4. 銷售業；5. 食品業；6. 製造業；7. 專業人員；8. 運輸業；9. 其它：報業；內部裝潢業；不動產業；清潔業；印刷業；裝訂業；旅館；藝術館。

農夫的市場：如 1. 種穀物的農夫；2. 果農；3. 酪農；4. 種棉花的農夫；5. 種煙草的農夫；6. 菜農；7. 飼養家禽的業者；8. 飼養牛的業者；9. 飼養羊的業者；10. 飼養豬的業者；11. 種胡桃的農夫；12. 相關的行業：拍賣業者；買家畜的人；農會幹事和職員；農場設備的經銷商和銷售員。

社會社團：如 1. 俱樂部；2. 教堂；3. 兄弟會；4. 學校內的老師和學生；5. 社區服務：紅十字、慈濟以及其他社區事務；6. 企業；7. 服務性的社團；8. 童子軍女童軍和其它類似機構；9. 以前的工作同事、客戶、競爭者；10. 嗜好；11. 配偶的各種活動。

報章新聞：如 1. 新搬來社區的人；2. 差一點就發生意外的人；3. 學校或大學的消息；4. 結婚聲明；5. 出生聲明；6. 死者的親戚；7. 遺囑的受益人；8. 新公司；9. 新合夥公司；10. 贏得契約標價的人；11. 升遷聲明；12. 慈善捐助人；13. 不動產的轉讓；14. 大樓建築許可；15. 退伍軍人。

現有保戶：如 1. 新婚夫婦；2. 剛升遷的人；3. 剛就業的人；4. 年齡變更；5. 失效或解約；6. 定期轉換；7. 剛做過身體檢查的人；8. 孤兒保單；9. 要保書上的名字；10. 累積紅利；

11. 滿期的養老保險；12. 保單或銀行貸款；13. 死亡埋賠。

團體保險市場：如 1. 擁有企業的保戶；2. 保戶中是某企業的員工者；3. 協會和機構；4. 零售業者；5. 配銷者和批發商；6. 運輸業；7. 金屬業；8. 建築業；9. 化學製品。

退休市場：如 1. 老年的市民中心；2. 寡婦與鰥夫；3. 單身的專業人員；4. 公家機關；5. 企業業主；6. 產業界；7. 辦公室；8. 市政機構；9. 老年之家；10. 畢業生的父母。

其他：如 1. 在產業的工作者：經營者、工程師、職員、主管、監督者、技師、高收入的技術人員；2. 夜晚工作的人：鐵路工人、電訊技師、員警、消防隊員、麵包師、公車司機；3. 抵押貸款：土地、房屋、企業；4. 有錢人：有錢家庭、擁有許多財產的人、捐贈許多錢給慈善機構的人、擁有大型企業的人。

第二章詳盡的分析了壽險的市場，業務員應該仔細地思考自己與社會的關係，找出自己的利基市場，這樣才能事半功倍，而且要能持續地拓展到新的市場。培養了這個能力，就能立下做業務良好的基礎，這些都需要持續、有耐心的去執行做出成績。再把以下幾章好好學會，相信你會做好推銷的工作。

第三章

趨近前準備

　　趨近前準備是推銷循環的第二步，仔細的規畫銷售拜訪，對成功地銷售是很重要的。如果趨近失敗，推銷就停止了，因此仔細的規畫趨近是十分重要的，事先的規畫能培養自信、發展友好的氣氛、建立專業的形象並且增加銷售成交的機率。

　　規畫銷售拜訪的目的可以善用 SMART 原則 —— 明確的（Specific）、可衡量的（Measureable）、可達成的（Achievable）、相關的（Relevant）及有時限的（Time-based）—— 來達成。

在一開始，買者與賣者是不認識或不熟悉的。就好像上圖，各站在橋的兩邊。經過推銷循環的過程，雙方逐漸建立認識及信任。唯有透過真實（truth）與信賴（trust），買者與賣者才能建立共識，建立共同的目標，攜手走向共好。

第一節　客戶剖析及規畫

接下來是發展客戶剖析及檢視客戶的利益，並利用所蒐集的資訊進行剖析及規畫。

客戶剖析及規畫表如下。

客戶剖析及規畫表

1. 姓名：_____
   地址：_____
2. 產業別：_____
   買者：_____
3. 購買決策影響者或商品使用或銷售協助者：_____
4. 購買時機或見買者最佳時間：_____
5. 接待員姓名：_____
6. 買者輪廓：_____
7. 買者個性風格：_____
8. 拜訪目的：_____
9. 客戶最重要的購買需要：_____
10. 銷售展示：
    (1) 銷售趨近：_____
    (2) FAB 功能／優點／利益：_____
    (3) 示範 FAB 的方法：_____
    (4) 如何連結利益到客戶的需要：_____
    (5) 使用的嘗試成交：_____

(6) 期待的拒絕：_____

(7) 使用的嘗試成交：_____

(8) 如何成交這位客戶：_____

(9) 硬成交或軟成交：_____

11. 成交商品及數量／促銷協議：_____

12. 售後評論（購買或不購買理由／下一訪目標／承諾的追蹤）：_____

透過這 12 項的剖析，我們可以預測準客戶的輪廓及銷售展示的流程，增進銷售成功的機會。

第二節　哈維・麥凱的客戶 66 條傳略

美國商業顧問哈維・麥凱在 40 年前提出客戶 66 條傳略，分為八大類：1. 客戶；2. 教育；3. 家庭；4. 企業背景；5. 特別興趣；6. 生活形態；7. 客戶與你；8. 推銷模式。66 條詳述如下。

1. 客戶

(1) 姓名：_____，暱稱（小名）：_____

(2) 職稱：_____

(3) 公司名稱：_____，地址：_____

　　住址：_____

(4) 電話：（公）_____（住）_____

　　　　（手機）_____

(5) 出生年月日：_____出生地：_____

籍貫：＿＿＿＿＿＿＿

(6) 身高：＿＿＿＿＿＿＿　體重：＿＿＿＿＿＿＿

身體五官特徵（如禿頭、關節炎、嚴重背部問題等）：

＿＿＿＿＿＿＿＿＿＿＿＿＿＿＿＿＿＿＿＿＿＿＿＿＿

2. 教育背景

(7) 高中名稱與就讀期間：＿＿＿＿＿＿＿

大專名稱：＿＿＿＿＿＿＿，畢業日期：＿＿＿＿＿＿＿

學位：＿＿＿＿＿＿＿

(8) 得獎紀錄：（大學）＿＿＿＿＿＿＿（研究所）＿＿＿＿＿＿＿

(9) 大學時所屬兄弟或姐妹會：＿＿＿＿＿＿＿

擅長運動是：＿＿＿＿＿＿＿

(10) 課外活動、社團：＿＿＿＿＿＿＿

(11) 如果客戶未上過大學，他是否在意學位：＿＿＿＿＿＿＿

其他教育背景：＿＿＿＿＿＿＿

(12) 兵役軍種：＿＿＿＿＿＿＿，退役時軍階：＿＿＿＿＿＿＿

對兵役的態度：＿＿＿＿＿＿＿

3. 家庭

(13) 婚姻狀況：＿＿＿＿＿＿＿，配偶姓名：＿＿＿＿＿＿＿

(14) 配偶教育程度：＿＿＿＿＿＿＿

(15) 配偶興趣／活動／社團：＿＿＿＿＿＿＿

(16) 結婚紀念日：＿＿＿＿＿＿

(17) 子女姓名、年齡：＿＿＿＿＿＿

　　　是否有撫養權：＿＿＿＿＿

(18) 子女教育：＿＿＿＿＿＿

(19) 子女喜好：＿＿＿＿＿＿

4. 業務背景資料

(20) 客戶的前一個工作：＿＿＿＿＿＿

　　　公司名稱：＿＿＿＿＿＿，公司地址：＿＿＿＿＿＿

　　　受雇時間：＿＿＿＿＿＿，受雇職銜：＿＿＿＿＿＿

(21) 在公司的前一個職銜：＿＿＿＿＿＿

　　　日期：＿＿＿＿＿＿

(22) 在辦公室有何「地位」象徵：＿＿＿＿＿＿

(23) 參與的職業及貿易團體：＿＿＿＿＿＿

　　　所任職位：＿＿＿＿＿＿

(24) 是否聘顧問：＿＿＿＿＿＿

(25) 客戶與本公司其他人員有何業務上的關係：

　　　＿＿＿＿＿＿＿＿＿＿＿＿＿＿＿＿＿＿＿＿

(26) 關係是否良好：＿＿＿＿＿＿，原因：＿＿＿＿＿＿

(27) 本公司其他人員對客戶的了解：＿＿＿＿＿＿

(28) 何種聯繫：＿＿＿＿＿＿，關係性質：＿＿＿＿＿＿

(29) 客戶對自己公司的態度：＿＿＿＿＿＿＿

(30) 客戶長期事業目標為何：＿＿＿＿＿＿＿

(31) 短期事業目標為何：＿＿＿＿＿＿＿

(32) 客戶最關切的是公司前途或個人前途：＿＿＿＿＿＿＿

(33) 客戶多思考將來：＿＿＿＿＿＿，為什麼：＿＿＿＿＿＿

5. 特別興趣

(34) 客戶所屬私人俱樂部：＿＿＿＿＿＿＿

(35) 參與之政治活動：＿＿＿＿＿＿＿，政黨：＿＿＿＿＿＿＿

　　　對客戶的重要性為何：＿＿＿＿＿＿＿

(36) 是否熱衷社區活動：＿＿＿＿＿＿，如何參與：＿＿＿＿＿＿

(37) 宗教信仰：＿＿＿＿＿＿＿，是否熱衷：＿＿＿＿＿＿＿

(38) 對客戶特別機密且不宜談論之事件（如離婚等）：

　　　＿＿＿＿＿＿＿＿＿＿＿＿＿＿＿＿＿＿＿＿＿＿＿

(39) 客戶對什麼主題特別有意見（除生意之外）：

　　　＿＿＿＿＿＿＿＿＿＿＿＿＿＿＿＿＿＿＿＿＿＿＿

6. 生活方式

(40) 病歷（健康狀況）：＿＿＿＿＿＿＿

(41) 飲酒習慣：＿＿＿＿＿＿，所嗜酒類與分量：＿＿＿＿＿＿

(42) 如果不嗜酒，是否反對別人喝酒：＿＿＿＿＿＿＿

(43) 是否吸菸：＿＿＿＿＿＿＿

　　　若否，是否反對別人吸菸：＿＿＿＿＿＿

(44) 最偏好的午餐地點：＿＿＿＿＿＿　晚餐地點：＿＿＿＿＿＿

(45) 最偏好的菜式：＿＿＿＿＿＿

(46) 是否反對別人請客：＿＿＿＿＿＿

(47) 嗜好與娛樂：＿＿＿＿＿＿　喜歡什麼書：＿＿＿＿＿＿

(48) 喜歡的度假方式：＿＿＿＿＿＿

(49) 喜歡觀賞的運動：＿＿＿＿＿＿

(50) 車子廠牌：＿＿＿＿＿＿

(51) 喜歡的話題：＿＿＿＿＿＿

(52) 喜歡引起什麼人注意：＿＿＿＿＿＿

(53) 喜歡被這些人如何重視：＿＿＿＿＿＿

(54) 你會用什麼來形容客戶：＿＿＿＿＿＿

(55) 客戶自認最得意的成就：＿＿＿＿＿＿

(56) 你認為客戶長期個人目標為何：＿＿＿＿＿＿

(57) 你認為客戶眼前個人目標為何：＿＿＿＿＿＿

7. 客戶和你

(58) 與客戶做生意時，你最擔心的道德與倫理問題為何：

＿＿＿＿＿＿＿＿＿＿＿＿＿＿＿＿＿＿＿＿＿＿＿

(59) 客戶覺得對你，你的公司或你的競爭負有責任。

_____

如果有的話，是什麼：_____

(60) 客戶是否需改變自己的習慣，採取不利自己的行動才能配合你的推銷與建議：_____

(61) 客戶是否特別在意別人的意見：_____

(62) 或非常以自我為中心：_____

是否道德感很強：_____

(63) 在客戶眼中最關鍵的問題有哪些：_____

(64) 客戶的管理階層以何為重：_____

客戶與他的主管是否有衝突：_____

(65) 你能否協助化解客戶與主管的問題：_____

如何化解：_____

(66) 你的競爭者對以上的問題有沒有比你更好的答案：

_____

如果能知道客戶的 66 條傳略，相信成交的機率會大為增加。

有兩件事需要特別提醒：

1. 世界瞬息萬變，所以 66 個題目的內容需隨時修正與更新。

2. 因為 66 個問題通常都牽涉到客戶的隱私，所以儲存時要考慮到安全與隱私，每份資料只能有固定的份數，不能讓影印本到處都是，也不能外傳。

第三節　趨近前準備的目的

趨近前準備的目的有下列 6 項：

1. 取得額外、合格的資訊。

2. 得到最佳的趨近方法的知識。

3. 取得說明時最佳的計畫。

4. 避免犯了致命的錯誤。

5. 給予業務代表更多的信心。

6. 讓準客戶對業務員有專業及勤快的第一印象。

第四節　業務員必備的能力

在銷售循環中，為完成趨近前準備的步驟，業務員必須要能：

1. 說明你能做什麼以確保能有效的被大多數的準保戶接納。

2. 使準保戶相信你能提供獨特或能激起興趣的服務。

3. 有信心的表達你提供服務的本質。

4. 展示約訪話術。

5. 寫約訪信函。

6. 展示電話約訪話術。

7. 精確的指出並處理拒絕以獲得面談。

8. 展示解答拒絕面談的能力。

第五節　展示約訪話術的目的

展示約訪話術的目的有：

1. 引起準保戶的興趣。

2. 提供有價值的服務。

3. 說明不需要做出購買的承諾。

4. 使用第三者的影響力。

5. 利用二選一法取得肯定的答覆。

獲得確定的約訪方法：

1. 趨近。

2. 寫信函約訪：

    (1) 使準保戶接受面談，不是推銷。

    (2) 提供有價值的服務或激起興趣。

    (3) 清楚而簡潔。

3. 電話趨近話術的用途：

    (1) 引發準保戶交談。

    (2) 激起興趣或提供所需要的服務。

    (3) 建立準保戶不必做出購買承諾。

    (4) 避免不相干的問題。

    (5) 使用二選一法以獲得面談。

第六節　使用電話約訪的好處

使用電話約訪的好處有下列 8 點：

1. 節省時間。

2. 減少奔波。

3. 堅定信心。

4. 合乎禮節。

5. 建立聲望。

6. 直接交涉。

7. 博得傾聽。

8. 利於規畫。

▍準備：在你的準保戶身上產生直接且有利的印象▍

1. 外表：不管喜不喜歡，你在準保戶面前出現的那一刻，即產生了瞬間的印象，所根據的不外乎是你的外表看起來如何，所以專業的穿著十分重要。

2. 能力：利用你所開發有關準保戶的資料，提供所需要的服務給準保戶的能力。

3. 態度：一部分是正面的思考，另一部分是信心；提供準保戶實際的服務。

4. 約訪的類型：

(1) 直接郵寄，說服面談。

(2) 與未回覆郵寄者確認：使用二選一法。

(3) 電話趨近：要求面談。

▌電話約訪遭遇的拒絕▐

一般有下列幾項：

1. 沒興趣……

2. 我不需要……

3. 你直接在電話中講……

4. 你直接郵寄給我……

5. 我那時候不在，……

6. 我有一堆朋友在賣保險……

7. 我負擔不起更多的保險……

8. 你會發現你只是浪費時間而已……

9. 我很忙，沒空……

▌約訪遭拒絕時的處理話術▐

1. 接納準保戶的話語：我同意您的看法、我可以了解您的想法、您講的很對……

2. 說明提供的特別服務。

3. 引起準保戶的興趣。

4. 說明不需要做出購買承諾。

5. 利用二選一法取得肯定的答覆，例如：週三早上 10 點或週四下午 2 點您何時方便？

　　在銷售循環中，爲了完成趨近步驟，業務員必須要：

1. 確立你服務的獨特性及對準保戶的價值。

2. 確立你的能力。

3. 引出對次要問題肯定的答案。

4. 建立推銷過程中，發掘實情步驟的開場白。

▌計畫銷售訪問 4 步驟 ▌

1. **有明確的銷售訪問目標**，包括：

   (1) 訪問前目標。

   (2) 有重點且要有靈活性。

   (3) 使目標具體化。

   (4) 朝著目標前進。

   (5) 針對各個訪問都要確立目標。

2. 建立顧客檔案，包括：

    (1) 回顧顧客資訊，建立顧客檔案。

    (2) 審視顧客先前所做的決定及未來可能的需要。

    (3) 若你還未建立任何顧客檔案，立刻執行！可以參考哈維‧麥凱的客戶 66 條傳略。

3. **顧客利益計畫**，包括：

    (1) 選擇產品特性、優點和好處。

    (2) 制定銷售計畫。

    (3) 制定商業建議。

    (4) 制定一張購買建議單。

4. **制定具體的銷售展示**，包括：

    (1) 列出商品的 FABs、營銷計畫、商業建議。

    (2) 清楚列出建議清單。

    (3) 做好銷售展示的準備。

    (4) 銷售過程：從接觸到成交。

┃準顧客的心理 5 階段┃

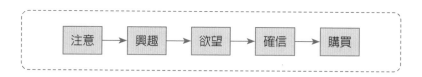

注意 → 興趣 → 欲望 → 確信 → 購買

1. 注意，包括：

    (1) 展現你的服務熱忱！

    (2) 接洽是否適當很重要！

    (3) 目標是滿足需要或是解決問題。

2. **興趣**，包括：

    (1) 展現你的服務熱忱！

    (2) 迅速呈現商品的 FABs。

    (3) 滿足需要。

    (4) 解決問題。

    (5) 進行互動（討論）。

3. **欲望**，包括：

    (1) 展現你的服務熱忱！

    (2) 做好拒絕問題的準備。

    (3) 仔細觀察非語言訊息。

4. **確信**，包括：

    (1) 展現你的服務熱忱！

    (2) 讓顧客明白商品的 FABs 最符合顧客需求。

    (3) 讓顧客確信你就是唯一的服務人選。

5. **購買**，包括：

    (1) 展現你的服務熱忱！

(2) 從非語言訊息中得知顧客確信產品能滿足其需求，確信你的專業能力。

(3) 成交輕而易舉。

▌銷售程序概述▐

1. 讓準顧客意識到自身需求或問題。

2. 保持興趣，產生購買欲望。

3. 展現服務熱忱。

4. 讓顧客確信商品最能滿足其需求。

5. 讓顧客確信你就是唯一的服務人選。

　　本章介紹了客戶剖析及規畫、趨近前準備的目的、電話約訪時的拒絕處理、計畫銷售訪問 4 步驟、準顧客的心理 5 階段。下一章將介紹推銷循環的第三步「趨近」。

第四章

趨　近

第一節　趨近是什麼？

　　我們從打高爾夫球、打保齡球及做業務三個例子來說明趨近是什麼。

　　趨近就像高爾夫擊球後從平坦的球道到果嶺的過程，也如保齡球中，保齡球手從站立位到擊出保齡球所採取的步法。

　　在推銷循環中，趨近就是業務員與準保戶自見面起到開始談商品中間的時間。當你開始討論產品時，趨近就結束了。

第二節　趨近的目的

1. 為了引起準客戶的興趣。

2. 為了開始你的展示策略。

3. 趨近可能維持幾秒到幾分鐘，包括：

　　(1) 會面。

　　(2) 寒暄。

(3) 建立友好關係。

(4) 本章討論的幾個溝通技巧之一。

趨近是銷售展示的第一步，也是推銷流程的第三步，也就是說，趨近開始了推銷展示。

選擇你的展示方法然後選擇你的趨近。

4. 專業的業務員應嚴肅地看待趨近，包括：

(1) 有些人認為這是協助他人最重要的步驟。

(2) 如果不成功，你或許再也沒有機會進入展示。

(3) 如果你沒機會講故事，你又將如何銷售？

(4) 所以趨近極其重要！

(5) 銷售展示的趨近步驟。

(6) 當你開始討論產品時，趨近就結束了。

5. 讓我們做一個總結，業務員與準客戶間的銷售過程：

(1) 會面。

(2) 寒暄。

(3) 建立友好。

(4) 經過趨近。

(5) 討論商品。

(6) 討論行銷計畫。

(7) 討論業務提議。

(8) 成交：要求訂單。

第三節　趨近的權利

　　你必須證明你值得準顧客花費時間關注，你可以透過許多方法來獲得這種被關注的權利：

1. 展示具體的產品或者商業知識。

2. 表達幫助購買者解決問題並且滿足其需要的誠摯態度。

3. 說明或者暗示你的產品能省錢，或增加公司的利潤。

4. 展示你專業的服務態度。

第四節　趨近：開始銷售展示

1. 購買者在展示的前幾分鐘對業務員的反應，對一個成功的銷售是很重要的。

2. 趨近期間你的態度

　　(1) 當趨近一個準客戶，業務員經歷各種形式的緊張是很正常的。

　　(2) 成功的業務員會使用創意的比喻來放鬆及專注。

3. 你的第一印象對成功是很重要的。

4. 你的第一印象是客戶以你的外表或態度所決定。

5. 你沒有第二次機會來製造良好的第一印象，我們很容易以第一印象來定論一個人。

▌5 個方法記住準客戶的名字▌

「一個人的名字是他這輩子最好聽的聲音。」這裡提供了
5 個步驟，以記住準客戶的名字。

1. 確定聽清楚客戶的名字並且使用它：「很高興見到你，石先生。」

2. 在你的腦中拼出字來，如果是不常見的名字，詢問對方告知寫法。

3. 連結名字到你熟悉的某事，例如：連結石到石頭。

4. 在談話中多次提到其名。

5. 在談話終了重複其名：「再見！石先生。」

▌讓人留下好印象▌

俗語云：「你沒有第二次機會製造第一次印象」。

1. 穿著合適且十分保守的商務服裝。

2. 穿著整潔，舉止得宜。

3. 不要在辦公室吸菸、嚼口香糖或喝酒。

4. 保持良好姿勢，不要彎腰駝背。

5. 將所有不必要的資料留在辦公室外。

6. 如果可能，要求坐下。

7. 對面試充滿熱情和積極的態度。

8. 微笑！

9. 不要為占用客戶的時間而道歉。

10. 不要暗示你只是路過。

11. 保持眼神交流。

12. 如果準客戶提出握手，請用堅定、積極的方式握手，同時保持眼神交流。

13. 了解如何正確發音。

第五節　趨近的技巧

趨近類型可分為 3 種：

1. 以聲明開場：

    (1) 介紹趨近。

    (2) 讚美趨近。

    (3) 推介趨近。

    (4) 優惠趨近。

2. 以示範開場：

    (1) 商品趨近。

    (2) 演出趨近。

3. 以問題開場：

    (1) 客戶利益趨近。

    (2) 好奇心趨近。

(3) 意見趨近。

(4) 驚嚇趨近。

(5) 多重問題趨近。

聲明	示範	問題
■ 介紹趨近	■ 商品趨近	■ 客戶利益趨近
■ 讚美趨近	■ 演出趨近	■ 好奇心趨近
■ 推介趨近		■ 意見趨近
■ 優惠趨近		■ 驚嚇趨近
		■ 多重問題趨近

趨近的技巧可分為下列 11 種：

1. 介紹。

2. 誇獎。

3. 推薦。

4. 小禮物。

5. 產品。

6. 表演。

7. 顧客利益。

8. 好奇心。

9. 意見。

10.震驚。

11.多重問題。

迅速引導進入銷售展示。

記住你選擇的展示方法，以及你的趨近方法。

▎以聲明及示範趨近技巧的目的 ▎

1. 引起注意。

2. 引起興趣。

3. 轉換到展示主題。

▎以問題趨近技巧的目的 ▎

1. 發現需要及問題：

   (1) 滿足需要。

   (2) 解決問題。

2. 讓準客戶告訴你有關：

   (1) 需要。

   (2) 問題。

   (3) 對他們做些事的企圖。

▎影響使用趨近的方法 ▎

1. 銷售的商品。

2. 是否再次拜訪。

3. 客戶的需要。

4. 時間的多寡。

5. 對問題的警覺。

┃黃金法則┃

　　將客戶的利益置於自身利益之上，可以避免：

1. 失去銷售。

2. 破壞你的業務關係。

　　一個受歡迎的多重問題趨近 S.P.I.N.（Situation 情境、Problem 問題 / 探索、Implication 暗示、Need payoff 代價 / 解決）

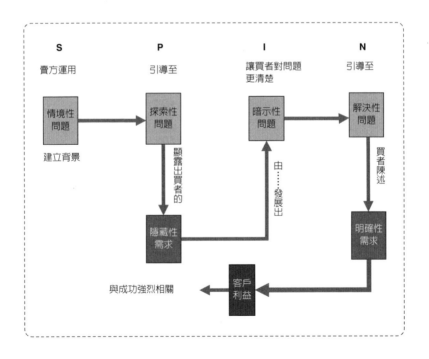

　　記住，在 S.P.I.N. 的推銷過程當中完全沒有提到產品。

▌趨近時可取得注意力的媒介▌

1. 聲音。

2. 影視。

3. 觸摸。

▌趨近很重要嗎？▌

1. 是的，它很重要！

2. 業務員需要有幾個過去有用的**趨近**技巧，以利現在的情境做**趨近**。

▌4 個問題類型▌

1. 直接問題。

2. 間接問題（或開放式問題）。

3. 重述問題。

4. 轉向問題。

▌如果你不清楚且需要澄清所說的內容的含義，轉向問題則很有用▌

例如：

1. 您是說價格是您最感興趣的東西？

2. 那您的意思是說，如果我能縮短核保的時間，您會有興趣考慮購買嗎？

使用轉向問題來改變對話的方向通常是從負面到正面

想像你進入準客戶的辦公室介紹自己，得到這樣的反應：「我們很滿意現在的賣家，再多談無益，謝謝你來！」

這時可拋出轉向問題，持續尋找新的方法可以增進員工的士氣，使用問題的 3 個法則：

1. 使用的情境只限於你能預期的回答，或不致讓自己陷入困境的情況。

2. 提出問題後暫停或等待。

3. 傾聽。

你的趨近方法要有彈性

要願意及準備好改變你的趨近計畫，那是為什麼你需要幾個方法來開始你的銷售展示。

趨近是重要的因素，可以讓你：

1. 使用聲明或示範趨近來確保準保戶的注意及興趣。

2. 你製造的第一印象可以移除正面及誠懇開場以外的事。

3. 以聲明、示範或問題趨近開場。

4. 問題中應該表現出對準客戶情況的真誠興趣。

5. 4 個基本的問題是直接、間接、重述、轉向。

6. 給予準客戶充分的時間完整回答問題。

第五章

銷售展示技巧

第一節　銷售展示的目的

1. 銷售展示的主要目的是把資訊提供給準客戶或客戶，幫助他們明智的運用他們的財產。

2. 當某人購買某件東西時，是否曾經停下來想過自己到底購買的是什麼？客戶真的是在購買你的產品嗎？不是！顧客真正購買的是腦中形成的美好願景，而你所出售的產品能幫助顧客實現某種期望。由於購買者腦中已經形成了特定需求的概念，你的展示必須能在準客戶腦中創造出景象來推動他進入確信的階段。

3. 展示的目的：以知識、信念、欲望、態度、確信等步驟，達成成功銷售。

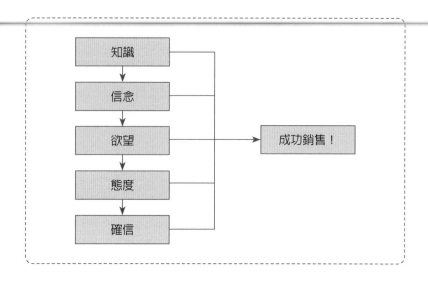

4. 步驟應用：費比推銷法（FABE）：

「費比」是 4 個英文字母 FABE 的譯音，這 4 個英文字母分別為 4 個英文單字的第一個字母，它們表達了費比公式的 4 個推銷步驟：

第一步 F（Feature）：把產品的「特徵」詳細地介紹給顧客。

第二步 A（Advantage）：充分分析產品的「優點」。

第三步 B（Benefit）：詳述產品給顧客帶來的「利益」。

第四步 E（Evidence）：以「證據」說服顧客。

第二節　展示的 3 個基本步驟

1. 詳細討論你的產品。

2. 介紹你的行銷計畫。

3. 詳細闡述你的商業建議。

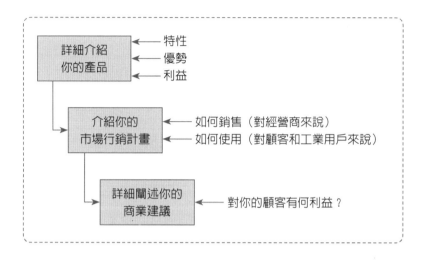

第三節　說服性溝通

說服性溝通有 11 個重點，如下說明。

1. SELL 序列

Show Feature：示範功能。

Explain Advantage：解釋優點。

Lead to Benefit：引導至利益。

Let Customer Talk：讓客戶講話（你只需聆聽）。

SELL 序列是判定買主是否對你的產品的 FAB 感興趣的

方法。

2. 邏輯推理

　　邏輯推理是指圍繞大前提、小前提和結論 3 個部分而設計的展示，例如：

　　(1) 大前提：每一個人都想擁有充分的退休準備。

　　(2) 小前提：我的專業及產業能幫您做充分的準備。

　　(3) 結論：因此，您應該採納我的專業建議。

　　但先擇條件是必須確定客戶是否對大前提感興趣。

3. 透過提出建議來說服

　　(1) 提示性建議。

　　(2) 聲望性建議。

　　(3) 自我暗示。

　　(4) 直接建議。

　　(5) 間接建議。

　　(6) 反暗示。

4. 把展示變成樂趣

　　銷售是一種樂趣，不是準客戶與銷售人員之間的角力，因此要放鬆，享受展示的樂趣。

5. 拉近你與客戶間的距離

(1) 透過某種方式讓他們知道，在展示中你一直把他們的最大利益放在心中，表現出你愛他們、關心他們，而且他們可以信任你。

(2) 話語：「您使我……」。

6. 樹立信任

為了增強你對準客戶的說服力，最好且最容易的 2 個方法就是**保持誠實**和**說到做到**，這也是樹立信任最有效的方法。

7. 使用身體語言

如同你在觀察準客戶發出購買訊號一樣，準客戶也在注視你的面部表情和身體動作。銷售人員的非語言溝通必須給準客戶樹立起一個積極的形象，表明你知道自己在說什麼，同時理解購買者的需求。最好的非言語溝通技巧就是**微笑**。

8. 控制展示局面

(1) 進行展示時，要把握談話方向，引導準客戶聽完展示和建議。

(2) 一定要小心你用來展示的視覺輔助工具及其他設備。新的銷售人員在展示產品時常犯這樣的錯誤：把目錄、價格單或者小冊子一併遞給準客戶，購買者在瀏覽這些東西時，他們可能沒在聽你說了什麼。

9. 要有外交手段

(1) 所有的銷售人員都會遇到這樣的情況：準客戶覺得他們自己總是對的或者他們知道一切，而銷售人員卻有不同的觀點。

(2) 戴爾·卡內基曾說過，不樹敵的正確方式就是對別人的觀點表示**尊重**，絕對不要告訴別人他是錯的。

10. 選用保羅·哈維式對話

保羅·哈維（Paul Harvey）在美國擁有最多的收音機新聞廣播聽眾，哈維獨特的風格和宏亮的聲音，使他成為家喻戶曉的人物。

11. 明喻、暗喻和模擬

語言是溝通的工具。明喻、暗喻、模擬、停頓、沉默，以及說話頻率、音調和音量的變化都是獲得準客戶注意力，並引起他們對建議感興趣的有效方法。

第四節　良好的溝通者

要成為一個成功的業務員，你一定要能言善道嗎？不，不一定，但你一定要是一個良好的溝通者。下列 8 個條件一定要具備：

1. 運用詢問：詢問也是傾聽時的重要技巧，適當運用詢問才能成為一個良好的溝通者。

2. 設身處地：具同理心才能良好的溝通。感同身受與移情是很好的註解。

3. 簡化資訊：太複雜的資訊不容易了解。

4. 樹立信任：建立相互的信任才能良好的溝通。

5. 學會傾聽：能傾聽才能清楚的了解客戶的需求。

6. 態度積極、充滿熱情：你也一定要充滿熱情，積極樂觀。

7. 誠實可信：你也一定要誠實，值得信賴。

8. 說到做到：這是做到誠信的基本原則。

第五節　參與是成功的本質

促使準客戶參與展示有 4 種方法：

1. 詢問。

2. 產品使用。

3. 視覺輔助工具。

4. 示範。

▌證明陳述，建立可信度▌

1. 證明

準客戶常常在心裡想，在我購買之前，你必須能提供證明。此處的「證明」通常是指在展示中向準客戶證明產品的利益和銷售人員建議的合理性。

2. 證明方法

    (1) 以往的銷售情況有助於預測未來。

    (2) 擔保。

    (3) 鑑定證書。

    (4) 公司證明結果。

    (5) 獨立調查結果。

▎視覺輔助工具▎

人們對所聽到的東西的記憶力為約 10%，而對看到的則能維持 50% 的記憶。因此，利用視覺銷售展示而不只是採用語言，能使保持印象的可能性增加到 5 倍。

利用視覺輔助工具的優點：

1. 提高記憶持續性。

2. 強化展示的資訊。

3. 減少錯誤理解。

4. 形成獨特且持久的印象。

5. 向買方表明你是專業的銷售人員。

第六節　視覺輔助工具

視覺輔助工具可以幫助解說，種類如下：

1. 產品。

2. 用來說明產品性能和銷售優勢的圖表。

3. 產品樣式或模型（尤其是針對大型產品）。

4. 諸如錄影帶、幻燈片、錄音帶和電腦等設備。

5. 銷售手冊和產品目錄。

6. 訂單表格。

7. 鑑定證書。

8. 擔保書。

9. 活動看板和廣告海報。

10.廣告宣傳樣品。

視覺輔助工具主要用來吸引準客戶的注意力，使用目的是在對方的心中形成關於產品的：

1. 特性。

2. 優勢。

3. 利益。

▌戲劇化展示提升銷售機會▌

戲劇效果是指用一種引人注目的、炫耀的、誇張的方式來介紹或展示產品，構想戲劇化介紹某一產品的最佳方法就是看電視廣告。使用戲劇化展示，使你有別於購買者每天見到的許多銷售人員。

▌示範證明▐

1. 使準客戶相信某個產品正是他所需要的最佳方法之一，就是透過示範。

2. 根據心理研究，人們所接受來自外界的訊息中，有 87% 是透過眼睛來獲取的，只有 13% 是透過另外 4 種感官。

3. 動態示範透過講解、陳列及創造買賣雙方的互動來刺激人的感官。

4. 確保示範能順利，唯一的方法就是練習。

5. 成功的示範減少了購買的不確定性和牴觸心理。

　讓準客戶參與成功示範的方式：

1. 讓準客戶做一些簡單的事。

2. 讓準客戶示範一個重要的性能。

3. 讓準客戶做例行的或經常重複的事。

4. 在整個示範過程中讓準客戶回答問題：

   (1) 確定準客戶對產品的態度。

   (2) 使你的展示得以向前推進、等待回答問題或處理拒絕。

   (3) 有助於讓準客戶進入有正面、認同的思維。

   (4) 為達成交易做好準備。

   (5) 詢問時要用肯定語氣的措詞，例如：「那個確實容易操作，是不是？」而不要說：「這不難操作，是嗎？」

▌科技能助你一臂之力▐

科技是一種能以直觀和生動的方式向買方提供資訊的好方法，電腦可以幫助你：

1. 播放影像片段。

2. 演奏富有情感的音樂。

3. 展示製作精美的圖表。

4. 以投影設備進行重要的展示。

▌銷售展示的目標模式▐

1. 理想的展示

理想的展示應使你的趨近技巧能快速引起準客戶的興趣，馬上鑑別出準客戶需要你產品的訊號而且準備傾聽你的介紹。

理想的客戶應該是友好、禮貌且神態放鬆，不會打斷你說話，會進行詢問，並會按你計畫的那樣參與示範。

2. 迎接展示問題

銷售展示過程中遇到的主要問題如下：

(1) 處理談話中斷，如：祕書進來、電話響起。

(2) 討論競爭商品的問題。

(3) 在欠理想的狀態下進行銷售展示，如：不理想的展示地點、不理想的客戶。

3. 如何處理談話中斷？

中斷談話事件結束後，你可以：

(1) 靜靜的耐心等待，直到你重新得到準客戶的注意。

(2) 簡單重複讓準客戶感興趣的賣點。

(3) 做一些能提高準客戶參與積極度的事。

(4) 如果重新引起了他的興趣，就進入展示的下一步。

4. 你應該談論競爭商品嗎？

(1) 不要主動提及競爭。

(2) 對競爭應點到為止。

(3) 做詳細比較。

是否討論競爭要視情況而定，不管你與準客戶怎麼談論競爭，一定要表現出職業道德性。如果你們談到了競爭，應只談那些你確切知道的資訊，一定要坦率誠實，不要貶低對方、沒有禮貌。

結論：決定銷售成功的，不是你說什麼，而是你怎麼說！本章業務員的銷售展示技巧可歸納如下圖。

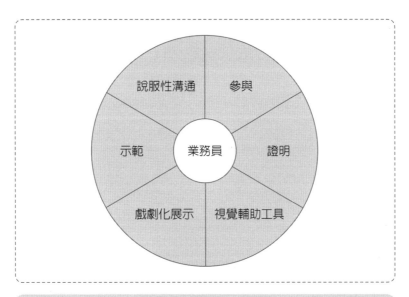

業務員的銷售展示技巧

第六章

拒絕處理

第一節　拒絕處理的定義

　　教課壽險行銷近 30 年，我天眞的以爲拒絕處理是很少見的，因爲只要你把推銷十步前面的步驟做好，客戶自然不會拒絕，所以我沒有在教學中強調拒絕處理。然而，在實務上如果從事推銷的工作，就一定會遇到拒絕，你就必須要學會處理客戶提出的各種拒絕。所以，學會處理拒絕是必須的。

　　首先我們定義拒絕。拒絕是什麼？簡單的說，拒絕就是客戶所提出的關切或問題。

　　業務員要盡可能的鼓勵客戶提出關切或問題，因爲最壞的情況就是客戶沒有任何的表示，那你就沒有管道可以切入及解釋。因此，拒絕可說是成交的線索。

第二節　準客戶何時會拒絕？

　　準客戶隨時都會提出拒絕，關鍵是要時常準備應對準客戶

提出的拒絕。

1. 訂定第一次約訪時／第一次見面時。

2. 展示時／銷售時。

3. 企圖成交時。

4. 成交了之後。

　　英文有一說：No（不）＝ Tell me more（多告訴我一點），如果業務員能夠有這種正面的心態，就能在業務這個工作勝任得更好。以下的心態也必須要具備：

1. 客戶拒絕是拒絕這件事，而不是拒絕你這個人。因為很多人受不了被拒絕，尤其是親戚或很熟的朋友，有的人甚至不肯跟他們開口。

2. 推銷從拒絕開始，「拒絕」顯露出準保戶的關切點，解決了這個關切點，他或她就買了。

3. 「嫌貨才是買貨人」，這是台灣話的一句諺語，真正想買的人，才會挑剔。

4. 贏得爭辯卻失去客戶，你要嗎？人都會討厭跟自己爭辯的人，也就不會跟他購買。

第三節　處理拒絕時應考慮的要點

1. 為拒絕做計畫。

2. 預期並先發制人。

3. 立即處理所發生的拒絕。

4. 積極的應對拒絕。

5. 理解拒絕。

　　不僅要考慮準客戶為什麼購買，也要考慮他們為什麼不買。

第四節　預期並預防

　　可預期的拒絕，客戶拒絕的原因如下：

1. 挑釁者 / 刁難者。

2. 沒興趣：

　　(1) 業務員沒有篩選準客戶。

　　(2) 沒有幫助客戶定義需要。

3. 客戶現在不需要或不想要。

4. 有些人傾向拖延。

5. 沒有理由 / 不當一回事。

6. 不了解 / 誤解：業務員說明不夠詳細。

7. 太貴 / 沒有推銷價值：業務員沒有讓客戶了解商品的價值。

8. 對公司或業務員不信賴。

9. 已有其他偏好或其他事情的優先順序。

　　而對拒絕預防，可以下列 3 種型態表示之：

1. 在準客戶提出拒絕之前，銷售人員就先對產品進行討論。

2. 在客戶提出拒絕之前，就先討論產品的缺點。

3. 先自誇一下，把產品變成銷售利益。

第五節　立即處理所發生的拒絕

　　當拒絕出現時，有時需要立刻解決，否則可能有如下情況：

1. 準客戶可能沒在傾聽，除非你談到拒絕。

2. 準客戶可能覺得你試圖掩飾什麼。

3. 你也感覺到這成為棘手的問題。

4. 你越來越不知道如何回答及處理。

5. 會讓人以為你對客戶的觀點不感興趣。

　　積極應對拒絕的方式：

1. 使用積極的肢體語言，例如：微笑。

2. 接納客戶的觀點。

3. 有禮貌的否定客戶錯誤的拒絕。

4. 不要用敵視的態度。

5. 要以尊敬及從容的態度面對拒絕。

第六節　拒絕的型態

拒絕的型態可分為下列幾種：

1. 關於需要的拒絕：

   (1) 不需要。

   (2) 商品不適合。

   (3) 不了解／不喜歡。

2. 關於來源的拒絕：不喜歡公司或業務員。

3. 關於商品的拒絕：功能不好、外型不好。

4. 關於價格的拒絕：

   (1) 沒有錢。

   (2) 不划算。

5. 關於時間的拒絕：需要時間考慮。

第七節　成功業務員回答拒絕的特質及行為

成功的業務員，他們會做到下列 6 點：

1. 對拒絕保持正面的態度。

2. 放鬆、傾聽、絕對不打岔。

3. 預期拒絕及準備有效的回應。

4. 在問題提出之前已預期客戶的關切點。

5. 確定該拒絕不只是藉口。

6. 對客戶的拒絕表示真摯的同理心。

▌拒絕的來源▌

1. 一般而言，拒絕是來自客戶的需要，而不是擔心被騙。

2. 也許客戶的拒絕是想要得到更多的答案。

3. 有時則來自於忽略、不關心。

4. 客戶第一次的認知錯誤。

▌口述拒絕常產生的誤解▌

1. 誤用一般常用的言語表示拒絕。

2. 訴求不清。

3. 害怕令對方感到尷尬。

4. 害怕傷害業務員。

5. 盡量縮短面對面的時間。

▌7 個典型的藉口▌

1. 否定，沒有改變的必要。

2. 推托，「我沒有這個預算……」。

3. 轉嫁，「我老闆不喜歡……」。

4. 貶低，「它對我們的幫助太少……」。

5. 毀損，「我了解它需要經常的服務……」。

6. 「Yes，雖然它是好的，但它對我沒有用……」。

7. 無能爲力，「我已盡力了，但非常抱歉……」。

▎澄清的方法▎

1. 重複的技巧：以問問題的形式重複拒絕，如：「太貴？沒用？」

2. 溫和的回應：禮貌的回答什麼問題，如：「我非常贊成您對○○的看法，這是一個很好的觀點，但可否請您再說的具體一點？」

第八節　拒絕處理的方法

　　拒絕處理的方法可區分爲下列 10 種，逐一說明如下：

1. 正面否定

　　對於無意義的拒絕，銷售員明白的告訴客戶他們錯了。以總結性的問題，提供實際的數據、事實來證明自己的觀點。

2. 間接否定

　　對於無意義的拒絕，業務員不要直接告訴客戶他們錯了。對於控制型、表現型的客戶少用冒犯、攻擊式的話語，例如：「由於成本、人事，績效獎金的提高影嚮成本因素太複雜，我能夠諒解您爲什麼會覺得售價過高，但是○○○現在覺

得／過去認為／過去發現……」。

3. 補償方法

　　拒絕的理由就算有部分正確但也不是完全正確，想一些便利客戶的補償因素，這點非常重要。有技術性的回答「Yes」，避免對立，並對客戶的拒絕理由表示同意，以解除對方的防衛心理，例如：「是的，我們公司並不如其他公司這麼多廣告，但根據我們公司所做的研究指出，企業內部的激勵更重要，所以我們有最引人注目的包裝……」。

4. 過去覺得／過去發現／現在覺得

　　熱心的處理顧客關心的錯誤，以他人相似的小故事來說服對方。當客戶質疑產品效用時，此方法很有用，例如告訴客戶：「您現在的感覺就像您所做的決定一樣沒有問題。其他人的作法跟您一樣，因此您並不笨。」、「我知道您對廣播廣告的效果，其他的客戶也有這種感覺，但他們發現使用廣播可鎖定想要的客戶群。」

5. 繞回法

　　把客戶拒絕的理由轉化成購買的動機，有效的利用拒絕中正確的理由。注意非動詞話語的使用，例如：「我們公司是故意使用這種方法處理的，因為複製並不需要更高的技術，這也是為什麼我們製造一台機器成本只有 4 元，而○○公司卻要花 2 倍的成本。」

6. 先發制人

目的在於「預防拒絕」的產生。在連續聽到相同拒絕的理由後，業務員應該在無形中展示出答案。有些人認為預防的方式是較好的，因為處理拒絕的口氣或內容可能會觸怒客戶。

7. 處理價格方面的拒絕

(1) 強調獨有的特質和差異。

(2) 比較：轉換到價格較低的商品，讓客戶二選一。

(3) 緩辦：對照最初和最終的成本。

(4)「額度」的差異。

(5) 銷售投資報酬率。

8. 價格細分化

將價格平均分配到較小的時間單位，例如：「您說的沒錯，這個保險 14,000 元似乎貴了一點，但是當您考慮到它可以提供 1,000 萬元的保障，每一天只需支付區區 40 元，您就不需考慮那麼多……。」

9. 強調獨有的特質和差異。

10. 運用比較的方法。

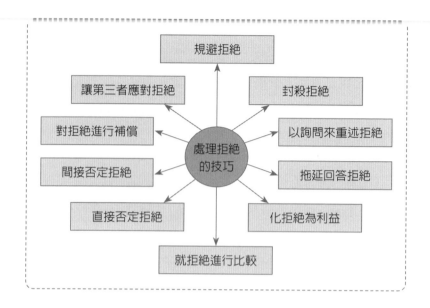

第九節　強調獨有的特質和差異

建立「價值」的觀念以降低成本。

▌獨有特質的來源▌

1. 品質。

2. 遞送。

3. 服務。

4. 公司評價。

5. 專業知識。

6. 設施。

7. 獎勵。

8. 銷售人員方面。

▌轉換到低價格的商品▐

1. 若準客戶的確有預算上的困難，此時應銷售較低價格的商品。

2. 在二擇一時，業務員不能批評低價格的商品。

3. 避免直接比較和同時推銷兩種商品的好處。

   準客戶：「這比我所能負擔的多一點。」

   業務員：「……」

▌延期的價格▐

1. 若價格在業務員討論產品特色及好處之前就已上漲，則先避免談論關於產品價格的問題。

2. 避免給予確定的答覆，例如：「在我回答售價之前，讓我再了解一點您的個人情況、需要及最大興趣。」

▌討論「初期」和「最終」成本▐

   售價需要長時間才能反映成本。

▐ 重的差異 ▐

以客觀的角度去解釋售價為什麼不一樣。

▐ 銷售投資報酬 ▐

以購買產品的價值與增加的獲利，去解釋為什麼我們的售價比別人貴。

▐ 放棄顧客 ▐

1. 若顧客的要求讓我無法獲得應得的利潤，就不要這個顧客。
2. 應向顧客解釋事實：將會獲得什麼服務、多少時間、最少應獲得多少。
3. 告訴顧客若沒有相對的利潤會影響到服務品質，再者乾脆向他推銷其他的競爭者。

▐ 處理「耽擱」 ▐

客戶會拖延，例如：「我可以再考慮看看嗎？」你可以要求對方講清楚：「您還有再考慮的必要嗎？」、「如果再等一年，等於您損失 25,000 元」；也可以用鼓勵的言詞：「成功的人總是在了解事實後，再做決定」，要求下次會面時間，知道客戶何時可以說「是」或「不」。

▌處理競爭商品 ▌

　　準客戶對於目前的商品／提供者很滿意或覺得沒有改變的必要，業務員必須詢問有指標性的問題去揭露客戶的需求。

　　如果客戶對現在的提供者很滿意，則有效的策略為：

1. 運用「開放式」的詢問技巧去發現不滿。如：「您能告訴我為何您對於 abc 公司如此滿意嗎？」或許可以發現並非全是愉快的事。

2. 指出「把所有的蛋放於同一個籃子」的危險性。

3. 討論競爭的好處，如：「若沒有競爭，我們都有點過於自負……」。

4. 引用那些對於提供者滿意，但依然轉換的客戶例子。

5. 把腳踏入門內（登門檻效應）。

▌若顧客還需要其他的服務 ▌

1. 盡快和做決定的顧客見面。

2. 若對方的拒絕意願升高就問：「您願意我單獨為您解決這些技術上的問題嗎？」在客戶面前避免表現出尷尬。

3. 若無法與決定購買者見面，則提供介紹產品特色及好處的資料或商品傳單。

第十節 克服拒絕的五問序列法

克服拒絕有一個五序列的發問法：

1. 有某種充分的理由使您猶豫不決，我能問一下是什麼原因呢？

2. 除此之外，還有別的原因使您猶豫不決嗎？

3. 假設您能相信……那麼您會購買嗎？（肯定時，繼續銷售）

4. 一定還有其他原因，我可以問一下是什麼嗎？

5. 什麼才能讓您信服呢？

接著繼續第四步及第二步，直到沒有了為止。

第七章

試探性成交

以下呈現「試探性成交」在推銷循環的十大步驟之次序。

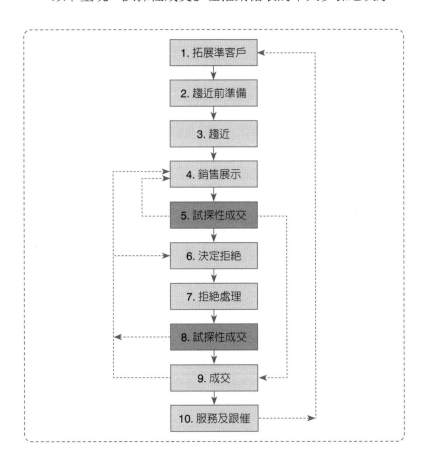

1. 拓展準客戶
2. 趨近前準備
3. 趨近
4. 銷售展示
5. 試探性成交
6. 決定拒絕
7. 拒絕處理
8. 試探性成交
9. 成交
10. 服務及跟催

第一節　前言

　　試探性成交是一種相當新且十分重要的銷售策略，用於評估買方做出購買決定的準備情況，並可檢查準保戶對銷售展示的意向或態度。

　　試探性成交不同於傳統的成交技巧。大多數成交技巧要求客戶就他們的購買做出決定，如果準客戶回答「不」，就很難繼續談下去；而試探性成交只要求客戶分享他們的意見，並不是要準客戶承諾購買，就大可以繼續談下去。

第二節　應用試探性成交的時機

　　試探性成交應在這 4 個重要時機使用：

1. 你在展示中提出了強烈的賣點之後。

2. 展示之後。

3. 回答一個拒絕之後。

4. 在你成交之前立即提出。

　　試探性成交允許你決定：(1) 準保戶是否喜歡你的產品的功能、優點或利益。(2) 你是否成功的回答拒絕。(3) 是否還有任何拒絕存在。(4) 準保戶是否準備好與你成交保單。

　　請注意在這些試探性成交示例中，不會要求客戶直接購買。

第三節　經典的 11 個問句

兩個經典的例子：「這回答了您的問題嗎？」、「我的建議是否是您想要的？」

除此之外，常見的 11 個例子列出如下：

1. 您聽起來怎麼樣？

2. 您覺得怎麼樣？

3. 這些是您要尋找的功能嗎？

4. 這很好，不是嗎？

5. 這對您重要嗎？

6. 這能回答您的擔憂嗎？

7. 我有一種預感，您喜歡該產品的省錢功能，我猜對了嗎？

8. 我注意到您的笑容。您認為呢？

9. 我這個提議符合您的需求嗎？

10. 您似乎對此商品有偏好，對嗎？

11. 我可以看到您對這個產品很感興趣。在 1 到 10 的範圍內，您覺得它有多滿足您的需求？

第四節　結論

試探性成交是：

1. 推銷循環的第五步及第八步。

2. 在銷售展示之後提出。

3. 在拒絕處理之後提出。

4. 評估買方做出購買決定的準備情況。

5. 用它發問來了解買者對業務員剛才所說的話的想法。

　　試探性成交是推銷循環相對新的步驟，國內保險公司的教育訓練體系並沒有特別的強調，然而，試探性成交是十分重要的銷售策略，因為試探性成交可以避免給買者直接的購買壓力，也可以讓賣者更了解買者的反應及對賣者言論的回饋。建議業務員在日常的對話中練習與親友間的試探性成交。

第五節　147 試探性成交示例：確保銷售的簡單問題

1. 到目前為止，這對您有意義嗎？

2. 這不是很棒嗎？

3. 這有多棒？

4. 您能相信這有多神奇嗎？

5. 它不鼓舞人心嗎？

6. 這是不是很讓人興奮？

7. 到目前為止，您明白我在說什麼嗎？

8. 您有了解我說的嗎？

9. 我希望您掌握了這一點？

10. 可以讓我知道到目前為止這是否有意義嗎？

11. 您有理解嗎？

12. 您有跟上我說的嗎？

13. 您註冊了嗎？

14. 我有給您足夠的資訊嗎？

15. 您掌握這個竅門了嗎？

16. 您是否不太理解？

17. 您能相信嗎？

18. 您能感覺到這有多好嗎？

19. 這讓您考慮嗎？

20. 您有困惑的地方嗎？

21. 您理解了嗎？

22. 您注意到了嗎？

23. 您沉浸在這一切中嗎？

24. 您想了解這個嗎？

25. 您能理解這有多好嗎？

26. 您在我剛剛分享的內容中認出自己嗎？

27. 您看到光了嗎？

28. 您明白重點嗎？

29. 您能認同嗎？

30. 您理解這一點嗎？

31. 您接受這個嗎？

32. 您有發現這有多好嗎？

33. 您注意到我剛才在那裡說的話了嗎？

34. 您沒看錯嗎？

35. 這一切都符合您的需求嗎？

36. 您是否花時間消化所有這些？

37. 我希望到目前為止這是有意義的。

38. 我希望這一切都到位了。

39. 我的解釋聽起來如何？

40. 您認為這對您有用嗎？

41. 到目前為止情況如何？

42. 聽起來怎麼樣？

43. 您認為這會使您受益嗎？

44. 這聽起來對您有用嗎？

45. 您怎麼看？

46. 這對您來說聽起來有趣嗎？

47. 您如何看待這次討論？

48. 我的解釋是否回答了您的疑慮？

49. 您需要更多資訊來回答您的疑慮嗎？

50. 我的演講對您有什麼吸引力？

51. 您對此有何看法？

52. 到目前為止，您覺得怎麼樣？

53. 根據我到目前為止所討論的內容，您還有什麼問題？

54. 您還有什麼想與我討論的嗎？

55. 您認為我有錯過了什麼您關注的地方嗎？

56. 這個解決方案聽起來如何？

57. 您認為我錯過了哪些地方？

58. 我們的談話對您來說感覺如何？

59. 您認為有什麼細節需要我們進一步討論嗎？

60. 您認為什麼內容會讓您覺得更有趣？

61. 如果按照自己的方式，您會如何改變這一點？

62. 您對我討論的內容感興趣嗎？

63. 您有興趣了解嗎？

64. 那麼，您是否希望立即開始這項工作？

65. 我的解決方案是您可以同意的嗎？

66. 這對您來說聽起來划算嗎？

67. 您對這個解決方案感興趣嗎？

68. 您認為這可能是您問題的答案嗎？

69. 若以電子郵件聯絡，何時是發送給您相關資訊的最佳時間

呢？

70. 這聽起來像是您會感興趣的東西嗎？

71. 這對您來說聽起來不錯嗎？

72. 您認為我們可以嘗試一下嗎？

73. 您看到我們很快就會與您一起解決這個問題了嗎？

74. 您接下來想採取什麼步驟？

75. 您覺得這符合您的需求嗎？

76. 您認為它很好嗎？

77. 此功能對您來說聽起來如何？

78. 這是您很快就會需要的東西嗎？

79. 您覺得我們可以對此進行更多解釋嗎？

80. 我向您解釋一下這對您有利如何？

81. 您認為可以從中受益嗎？

82. 您準備好將進入下一步了嗎？

83. 我需要給您更多建議嗎？

84. 這個解決方案是您一直想聽的嗎？

85. 有什麼疑問要我澄清嗎？

86. 您需要我多解釋一點嗎？

87. 您覺得這說明有用嗎？

88. 您認為這回答了您的問題嗎？

89.有什麼想與我討論的嗎？

90.您更喜歡您之前買的○○商品嗎？

91.這是否有引起您的興趣？

92.您介意我展示給您看嗎？

93.這會滿足您的需求嗎？

94.您認為自己從中受益嗎？

95.您希望如何解決？

96.您有沒有與之相媲美的特定品牌／型號？

97.您介意我們流覽一下數位資料，看看它是否適合您嗎？

98.我們來討論您的具體問題怎麼樣？

99.是什麼阻止您同意我的提案？

100.有什麼阻礙您讓我們去的原因嗎？

101.到目前為止，您是否享受我們的討論？

102.您需要我詳細說明一些觀點嗎？

103.您對此滿意嗎？

104.您喜歡更有用的東西嗎？

105.這是您認為很酷的事情嗎？

106.這是您喜歡擁有的東西嗎？

107.這是您要找的東西嗎？

108.這能回答您的問題嗎？

109. 您希望我們如何為您提供更多說明？

110. 您還有什麼需要解釋的嗎？

111. 這聽起來很合適嗎？

112. 您對此有任何疑問嗎？

113. 這符合您的要求嗎？

114. 您還有其他要求需要滿足嗎？

115. 我的提案中還有什麼可以補充的嗎？

116. 討論之後，您的下一步是什麼？

117. 您介意我告訴您更多關於我的提案的優勢嗎？

118. 我的解釋能滿足您的好奇心嗎？

119. 這個建議符合您的計畫嗎？

120. 您能想像自己從中獲利／受益嗎？

121. 您現在意識到它對您的潛在好處了嗎？

122. 這對您有用嗎？

123. 這個提議聽起來對您很有吸引力嗎？

124. 這是您一直在研究的東西嗎？

125. 您認為您在這方面做得很好嗎？

126. 您以前找到過這樣的優惠嗎？

127. 您對我們的促銷優惠有何看法？

128. 您現在是否猶豫要討論任何潛在的問題？

129. 您希望這項服務如何使您受益更多？

130. 這聽起來是一個不錯的選擇嗎？

131. 這聽起來像您一直在尋找的答案嗎？

132. 我的介紹是否涵蓋了您需要知道的所有內容？

133. 您會根據此討論做出決定嗎？

134. 我打對地方了嗎？

135. 如果我更徹底地討論這個問題，您會更喜歡它嗎？

136. 我快要說服您了嗎？

137. 我的建議聽起來是否足夠令人信服？

138. 我錯過了什麼嗎？

139. 您能看到自己從中獲利嗎？

140. 此提案是否符合您的期望？

141. 這是您今天才聽說的嗎？

142. 這是您以前從未聽說過的嗎？

143. 您聽說過這麼棒的交易嗎？

144. 您如何看待付款條件？

145. 您認為這個提議會變得更好嗎？

146. 您對我的解釋滿意嗎？

147. 這個提案／產品適合您嗎？

第八章

成交技巧

第一節　11種成交的技巧

1. 選擇性成交。

2. 假定式成交。

3. 稱讚式成交。

4. 利益概括式成交。

5. 連連應是式成交。

6. 次要點成交。

7. T型帳戶式成交。

8. 站台式成交。

9. 概率式成交。

10. 磋商式成交。

11. 科技式成交。

　　為什麼要選用好幾種成交技巧呢？後面會詳細說明原因。

第二節　識別購買的訊號

　　購買訊號指的是準客戶所說的或所做的，暗示其打算購買的跡象。

1. 詢問。

2. 徵求另一個人意見。

3. 放鬆並變得友好。

4. 查看要保書。

5. 仔細的檢查條款。

　　用問題來回應準客戶的購買訊號問題，當準客戶提出購買訊號問題時，你不需回答問題，而是針對對方的問題再提出問題，如果他回答了你的問題，就可能是成交的回答。

第三節　達成交易的必要條件

　　達成交易有 10 個必要條件：

1. 讓準客戶明白。

2. 確保對方理解。

3. 針對準客戶的具體情況來提請成交。

4. 不論說什麼或做什麼，應該考慮客戶觀點。

5. 聽到第一個「不」字時絕不要停下來。

6. 學習識別購買訊號。

7. 在成交前，試著運用試探性成交。

8. 要求訂貨要保持沉默。

9. 為自己設定高目標，並制定達到目標的個人責任。

10.對你自己、你的產品、你的準客戶和你的成交建議保持專業、自信、熱心的態度。

第四節　成功成交的 12 個關鍵要素

　　成交需要自信與熱忱，以下 12 點是成功成交的關鍵要素：

1. 想著成功！保持高度的熱情。

2. 計畫好銷售拜訪。

3. 在趨近過程中確認準客戶的需求。

4. 進行高水準的展示。

5. 在展示中或展示結束後運用試探性成交。

6. 找出準客戶的真正拒絕。

7. 克服真正的拒絕。

8. 在克服了每個拒絕之後運用試探性成交。

9. 總結與買主需求相關的利益。

10.運用試探性成交來確認第九步。

11.提請成交然後保持沉默。

12.保持開放心態，要做得像一名專業業務員。

第五節　準備幾種成交技巧

　　任何情況下都要準備好數種不同的成交方法，就更有可能達成更多的交易。

1. 確定準客戶的境況。

2. 了解準客戶對你的展示的態度。

3. 根據準客戶的情況，從若干技巧中快速選出一種成交技巧。

　　多重成交序列，結合克服拒絕的技巧，達成交易的可能性就會增強。

第六節　基於情景的成交

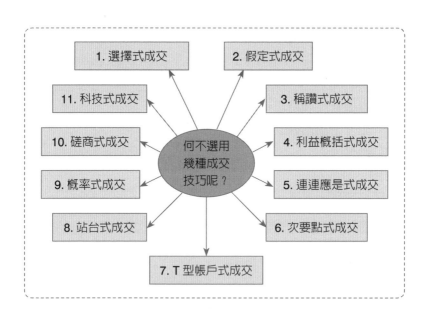

不同的成交技巧需要在特定的情景下使用：

1. 顧客猶豫不決時，採用 1、3、4、5、7、8、9、10。

2. 顧客是專家或具有強烈自我意識時，採用 2、7、9、10。

3. 顧客有敵意時，採用 2、4、9、10。

4. 顧客是朋友時，採用 6、9、10。

5. 顧客存在先入為主的觀念時，採用 7、9、10。

6. 顧客渴望成交時，採用 8、9、10。

▌妨礙成功銷售的 6 種錯誤 ▌

1. 光講述不銷售，沒有提足夠的問題。

2. 對銷售訪問控制過度，提過多的封閉式問題。

3. 沒使用利益來回答顧客的需求。

4. 意識不到顧客的需要，提早給出利益。

5. 意識不到或無法有效處理消極的態度。

6. 無力的成交提議：意識不到何時及如何提請成交。

▌促進銷售的祕訣 ▌

1. 能透過提問題來收集訊息和發現需求。

2. 能識別顧客何時有真正的需求。

3. 產品或服務的利益是如何滿足顧客需求的。

4. 能與顧客進行和諧的對話。

5. 能迅速直接的識別且處理顧客的消極態度。

6. 能在成交時運用利益概括，並承擔某種當行動計畫的義務。

第七節　商業建議與成交

商業建議：在產品的 FAB（特性、優勢、利益）和行銷計畫的討論後，利用視覺輔助工具來成交。

成交開關了關係：

1. 當你第一次做成交易時，你已把個人或公司從準客戶轉變成顧客。

2. 你已經取得客戶對你的信任。

3. 你已經幫助顧客。

4. 現在，如何爭取到在未來繼續向顧客進行再銷售的機會，以及取得其他推薦客戶？

5. 最重要的是，持續的關心顧客。

第八節　買賣不成之時

經過無數的推銷，你總會有成交及沒成交的時候。

1. 你不可能總是成功成交。

2. 不要把購買者的拒絕看成是針對你個人的。

3. 要禮貌和樂觀。

4. 總是還有明天。

5. 保持開放心態，讓彼此的溝通管道暢通。

　　如果因為某種因素客戶沒跟你買，他必須跟他人買；然而你很專業的趨近，服務做得很道地，這個客戶會對你留下深刻的印象，就算他無法跟你買，他也會介紹很多人給你，這是真實的案例。

第九章

服務與跟催

第一節　前言

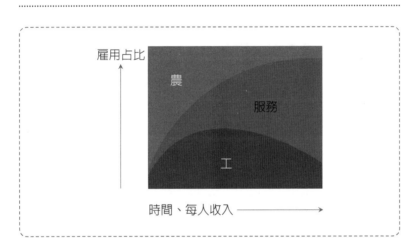

　　服務業儼然已變成 21 世紀最重要的產業，傳統的農業及工業已逐年被服務業所取代，金融服務業成為服務業的龍頭，而壽險業的商品更是屬於極端抽象的特性，看不到、摸不到，甚至不像其他商品能夠馬上享受得到或永遠享受不到。

　　當今的市場瞬息萬變，越來越多的客戶第一次嘗試透過

Google 或其他搜尋引擎來獲取與產品相關或如何使用產品的資訊。而且消費者使用社交媒體來分享想法、資訊、意見和個人資訊的電子通信。經濟部發表《2023 商業服務業年鑑》，商業發展署署長蘇文玲表示 2022 年我國服務業創造的產值超過 13 兆元，占 GDP 約 61%；就業人口達 680 萬人，占總就業人數近 60%，可見服務業在我國經濟發展和就業穩定中扮演著重要角色。上圖清楚的顯示農業、工業及服務業近年的消長，表明雇用占比、每人收入及時間的關係。

第二節　什麼是客戶服務？

客戶服務比較正式的定義是：組織及其員工所實行的一些使客戶滿意的活動，並讓客戶願意在將來繼續與該組織進行業務上的往來，並爲該組織宣揚正面的訊息給社會大眾。

所謂的客戶服務也有人定義爲：任何爲客戶所做可以增強客戶體驗的事情。如果按照這個定義，客戶服務的範疇可以包括任何事情，甚至超越了保險本業的服務，有的業務員幫客戶買機票、訂飯店、照顧小孩、買難買的門票、送蛋糕、陪吃飯、伴遊。我們不是鼓勵這些非本業以外的服務，端看業務員自己的判斷及雙方的關係。有人是這樣做，有的人做得很有效果。

第三節　客戶服務的重要性

在現今競爭激烈的環境中，有一句話說：「客戶可以沒有你，你不能沒有客戶。」客戶可以沒有你，因為競爭很激烈，可以提供類似服務的公司很多，而你不能沒有客戶，因為沒有客戶你就餓死了。

1. 客戶服務對業務人員的重要性，有下列 5 個要素：

   (1) 維持續保佣金：服務如果沒做好，甚至業務員離職了，客戶可能就不繼續繳保費，續保佣金就減少，因此為了維持續保佣金，業務員必須做好客戶服務。

   (2) 增加客戶介紹：服務如果沒做好，客戶就不願意介紹他的親朋好友給你當客戶；相反的，服務如果做好，客戶就比較願意介紹他的親朋好友給你當客戶。

   (3) 建立可靠度的名聲：每一個人都在尋找專業又誠信的業務員，做好服務可以建立可靠的名聲，這是每一個業務員必須要建立的。

   (4) 從競爭者區別出專業素質：現在的產業競爭非常激烈，所以做為一個業務員，必須在社區中建立專業的名聲，區別出與競爭對手不同的專業素質 —— 那就是比競爭對手優越的客戶服務。

2. 客戶服務對保險公司的重要性，有下列 8 個要素：

   (1) 建立長期客戶忠誠度：比競爭對手更優越的客戶服務可

以建立長期客戶的忠誠度。

(2) 吸引新客戶：新聞報導有一間保險公司有以專機送回的服務，一位新客戶看到了就馬上要求購買保障一樣服務的保單。這證明了，優越的客戶服務可以吸引新客戶。

(3) 吸引及置留業務員／經紀人：近日人才市場相當競爭，挖角風氣盛行，客戶服務較好的公司較能吸引及置留業務員／經紀人。

(4) 吸引及置留優秀員工：同上的理由，客戶服務較好的公司較能吸引及置留優秀的員工。

(5) 從競爭者區別一個公司與其產品；客戶服務較好的公司，可以從競爭者區別一個公司與其產品。

(6) 增進公司獲利力：客戶服務較好的公司，客戶的保單續保率會比較高，員工及業務員的定著率高，公司的獲利力自然會增加。

(7) 增加業績生產力：客戶服務較好的公司會讓員工及業務員的士氣較高，自然就會增加業績生產力。

(8) 增進公司工作環境：客戶服務較好的公司會讓員工及業務員感到驕傲，以身為該公司員工為榮，自然就會增進公司的工作環境。

第四節　客戶服務的要素與階段性的客戶服務

▎客戶服務的要素 ▎

1. 定期充實與你的客戶有關的資訊

家庭	個人	生意
■ 出生	■ 新工作	■ 重組
■ 新婚	■ 晉升	■ 新公司
■ 新屋	■ 畢業	■ VIP
■ 財產轉移	■ 繼承	■ 擴充
■ 貸款		■ 新大樓
		■ 新活動

　　需要改變可以從客戶個人、家庭及生意上的改變著手。個人方面如新換工作、晉升新職位、畢業於新學位及繼承遺產。家庭方面如有新生兒、新婚、買新屋、財產轉移或貸款。生意方面如有公司重組、建立新公司、新 VIP、公司擴充、買進 / 搬新大樓，或生意上有增加新活動。這些改變的訊號都會增加新的責任或負債，也都需要有新配對的保險需求。所以身為業務員必須定期充實與你的客戶有關的資訊，緊密的跟催客戶的近況，做好專業的服務。

2. 建立與客戶定期聯絡的系統

　　可以分類客戶，並依其保費的多寡建立客戶關係管理

（CRM），使用客戶關係管理軟體系統建立與客戶定期聯絡的系統。

3. 為了客戶在乎的對象，主動與客戶接觸並做細節的追蹤

客戶最關心及最感興趣的對象，一定不外乎是家人，尤其是生他的人與他生的人。所以業務員必須有心主動與客戶接觸，並做細節的追蹤。

▌階段性的客戶服務▐

1. 階段一：遞送保單

(1) 確定客戶的保障是適當的。

(2) 承諾服務，並且說到做到。

(3) 讓配偶也了解。

(4) 恭喜明智的抉擇。

2. 階段二：保戶資料卡

(1) 贈送個人化的小禮物，禮物必須是對客戶有用的。

(2) 定期郵寄或 E-mail，更新客戶關心的資訊，並做細節的追蹤。

3. 階段三：每年檢查

(1) 每年節日聯絡（生日、配偶及小孩生日、週年慶）。

(2) 每年檢查其狀況是否有變動，並且做主動、適當的回應。

第五節　客戶的需要

1. 了解／被了解。

2. 諮詢／忠告。

3. 陪伴。

4. 爭吵。

5. 抱怨。

6. 問題得到解決。

7. 正確的資訊。

8. 無壓力的協助。

9. 迅速的回應。

10. 公平誠實的服務。

11. 禮遇。

12. 尊敬。

第六節　客戶不滿意的原因

1. 服務不正確。

2. 服務不經心。

3. 服務太慢。

4. 人員沒禮貌。

5. 人員不專業。

6. 產品不理想。

7. 不了解契約。

8. 契約不完整。

9. 契約不正確。

10. 處理有錯誤。

11. 服務被踢皮球。

12. 被給予矛盾資訊。

13. 隨便被轉電話。

14. 被說沒有理由生氣。

15. 業務員離職無助。

16. 客戶與人有異議。

17. 客戶失去愛人。

18. 客戶與愛人爭吵。

19. 客戶擔心結果。

20. 客戶壓力很大。

第七節　不滿意的客戶的需要

客戶會感到不滿意，是因為有下列 8 種需要：

1. 有人傾聽。

2. 被告知事情將會解決。

3. 被認真的對待。

4. 受到尊重。

5. 馬上接受協助。

6. 得到某種補償。

7. 犯錯的人員一定會改正。

8. 被保證問題不會再發生。

第八節　成功的客戶服務的個性

成功的客戶服務人員有下列 10 種特性：

1. 積極的心態。

2. 樂觀的態度。

3. 服務的欲望。

4. 精力充沛。

5. 富彈性及創意。

6. 表達清晰。

7. 具高度自尊。

8. 冷靜有耐性。

9. 易與人相處。

10.優越的洞察力。

第九節 保險客戶服務的特殊挑戰

1. 客戶服務的天性：無形的、易變的、易逝的、不可分的。

2. 保險商品的天性：無形的、複雜的、不愉快的。

3. 現在的成本與未來可能的利潤難以比較。

4. 客戶服務的獎賞系統與品質不相關。

5. 認知主要客戶的困難。

6. 總公司的生產導向心態、沒計入服務的業績或報酬。

▌服務的天性▌

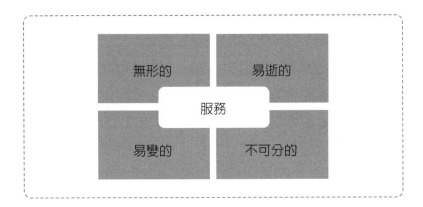

▌服務品質的標準▌

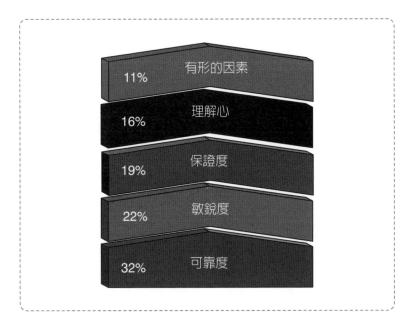

11% 有形的因素

16% 理解心

19% 保證度

22% 敏銳度

32% 可靠度

▎服務品質的落差▎

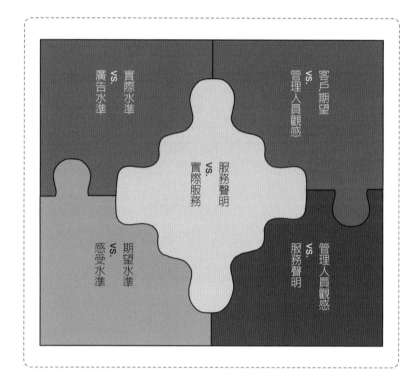

第十節　金融科技與 AI 的應用

　　金融科技在這幾年發展非常迅速，常見的有下列 9 項：
1. 區塊鏈；2. 人工智慧；3. 大數據；4. 雲端運算；5. 機器人；
6. 物聯網；7. 智慧型手機；8. 機器學習；9. 社交媒體。尤其
是 2022 年 11 月美國舊金山一家公司 OpenAI 發表了 ChatGPT

引起了歷史性的革命，業務員應當多研究這個歷史的契機，跟得上時代的腳步，好好善用科技的工具，以免被時代所淘汰。

AI 技術在客戶服務中的應用遠不止聊天機器人。企業可以在整個客戶服務過程中使用 AI 技術，以提高客戶的體驗、提高生產力和效率。以下是一些 AI 技術在客戶服務中的應用範例：

1. **大數據分析**：AI 和機器學習可在短時間內分析大量資料，速度比人類快得多。此外，這些技術可識別客戶服務或聯絡中心所產生的海量資料中，可能無法由人員察覺到的模式、趨勢和異常情況。若運用 AI 提供客戶服務，客服專員可以提高生產力、消除重複的工作，並控制成本。

2. **協助客服專員**：AI 和機器學習可直接協助客服專員更有效地完成工作。例如：AI 可分析客戶服務互動，快速找到客服專員解決問題所需的資訊，並將其顯示在電腦螢幕上。此客戶服務的 AI 應用可節省時間，讓客服專員能更快速解決客戶的查詢。

3. **對話分析**：對話分析利用自然語言處理（NLP）來擷取人與人對話中的資料。這項技術可更深入地了解客戶對品牌的印象及其滿意度，且有助於評估客服專員的績效，並指出可能需要接受再訓練的領域。

4. **機器人流程自動化（RPA）**：採用 AI 技術的機器人流程自動化可執行簡單的任務，例如：更新記錄或產生後續追蹤

資訊，以便眞人客服專員可繼續接聽下一通來電。此解決方案提供平均相當於 20% 的全職工時能力，並可提高品質和準確性，降低成本。

5. **自助服務**：AI 可以透過智慧方式協助客戶自行解決問題。ML 機器學習和 AI 可感知人類行爲模式，並學習爲客戶找到必要答案的最佳方式。大約 71% 的客戶希望企業透過傳訊，而非僅透過電話提供支援。

　　以上是 AI 技術在客戶服務中的一些應用範例。AI 技術的應用範圍不斷擴大，未來將爲客戶服務帶來更多的創新和變革。

第十章

結　論

第一節　做一個專業的業務人員

▌什麼是推銷？▌

　　銷售只是行銷的其中一部分。

　　個人銷售包括：

1. 個人資訊的溝通。

2. 說服。

3. 幫助他人購買商品／服務／創意。

▌個人銷售的新定義▌

1. 個人資訊的溝通。

2. 無私地說服別人，並提出修改建議。

3. 幫助他人購買東西 —— 一種商品、服務、創意或其他東
　 西 —— 滿足個人的需要。

▌個人銷售的黃金法則▐

1. 指的是無私地對待別人的銷售哲學。

2. 互惠是不被期望的。

▌業務員的八大活動▐

1. 尋找準客戶。

2. 需求分析。

3. 銷售及成交。

4. 客戶管理。

5. 目標設定及計畫。

6. 發展人脈。

7. 維持專業水準。

8. 自我管理。

▌業務員的十大技巧▐

1. 溝通技巧。

2. 控制情況的能力。

3. 人際關係技巧。

4. 時間管理及行政能力。

5. 道德及專業舉止。

6. 學習及應用程序的能力。

7. 應用數字及資訊的能力。

8. 達成目標的激發力。

9. 開發潛在市場的能力。

10.獨立作業及自我信賴。

▌推銷的十大工作▐

1. 發展準客戶轉爲客戶。

2. 再次銷售予現有客戶。

3. 與客戶建立長久關係。

4. 對客戶的問題提供解決方法。

5. 提供客戶高品質的服務。

6. 從客戶及影響力中心得到推薦。

7. 協助客戶購買後使用商品。

8. 與客戶建立好的商譽。

9. 提供公司市場及客戶的資訊。

10.在社區中發展名聲。

▌成功推銷的八大關鍵要素▐

1. 極端正面的心理態度。

2. 易受人喜歡與信任的特質。

3. 良好的身體健康與外表觀感。

4. 專精的商品及專業知識。

5. 開發與接觸客戶的技巧。

6. 介紹商品的技巧。

7. 處理拒絕與成交的心態與技巧。

8. 自我管理的技巧：包括時間、活動、壓力與地域管理。

▌給新進人員的忠告▌

1. 設定務實的工作目標。

2. 培養工作方法、習慣以達成工作目標。

3. 堅守工作方法，拓展準客戶。

4. 詳細學習商品。

5. 從每一個教育機會中獲益。

6. 專研專業知識技巧。

7. 讓客戶知道你關心他。

8. 要求成交。

9. 讓事情發生，不要等事情發生。

10. 努力成為榮譽榜的會員，用得獎寫日記。

第二節　做壽險業務的好處

從事壽險行銷事業有 5 個優點：

1. 能幫助很多的人們

有人說做保險是在做功德，業務員可以幫助很多的家庭。如果你一週可以做 2 件保單，一年就會有 100 多張，20 年下來就有 2,000 多張保單；如果你能再培養 2,000 個業務員，你們就可以照顧 400 萬多個家庭，這可是很少人或企業可以做到的，也是十分豐碩的成果。

2. 能獲得很多的成長

做保險是個很困難的工作，會遇到很多的困難，但遇到的困難越多，就會有越多的成長。困難愈多，打的怪愈多；打的怪愈多，內力就愈強。年輕人要即早吃苦。

3. 能結交到很多好朋友

保險是以人為對象，做得越久你會遇到越多的朋友，在工作中可以交到很多好的朋友。人生能交到的好朋友不多，你最好的朋友可能還沒出現，所以要珍惜每一個機會。推銷的工作會讓你遇到很多不同的人，能結交到很多好朋友。

4. 能賺取豐潤的收入

業務是以業績計算報酬，業績越好報酬越多。保險也是很少數「業務員的收入高過總經理，總經理還很高興」的行業。

所以，做業務可以賺取豐潤的收入，至少比領取固定薪的同學要好很多。

5. 最熱門的工作之一

工作很多種，收入也各有差異。隨著時間的變遷，高薪的工作也不斷地改變。但是如果你的業務能力很高，往後幾 10 年，專業的保險經紀人絕對是熱門的工作之一。

第三節　準備下一步

很多業務員在進入產業的初期沒有做好生涯規畫，沒有立下決心發展組織，導致在其生涯的發展受到了限制。當然，並不是每一個人都適合擔任管理職，但是，如果你適合擔任管理職，或你可以學會當主管，可以用下列的跡象測試：

1. 隊友已經很喜歡你、敬重你。

2. 你有興趣把營業處各部門的力量統整在一起，也很想知道營業處如何運作、如何賺錢及如何在市場上競爭。

3. 你已經從共事過的好主管和壞主管身上學到東西。

4. 你很渴望對自己和別人有更多認識，也很願意在學習時反省自己。

5. 你很樂意與公司其他部門建立更密切的聯繫、很期待與公司所有人有合作的機會。

6. 總是有人會請教你的意見。

7. 客戶或其他部門的同事已經以為你是主管了。

8. 你有很多點子能改善工作流程，節省時間、精力和金錢。

9. 你會傾聽同事說話、幫助他們解決問題。

　　以上跡象可以幫助你了解自己是否適合當主管。

第四節　學習業務能力

　　學習業務能力需要掌握多種知識和技能。業務的核心本質是創造人與人之間的信任感，而實際成為業務員後更要具備業務專業能力。以下是一些學習業務能力的建議：

1. 業務知識主要以深入了解與加深記憶為學習的重點，包含：產品知識、公司知識、客戶相關、產業趨勢等知識，在說明自身產品與解決客戶痛點上會很有幫助，並能利用這些專業從中找出彼此的交集點。

2. 業務技能這個業務開發能力需要實際歷練，才能在過程中將此業務能力提升，其中包含擬定銷售策略，以及接洽時培養信任的能力。

3. 策略面：擬定銷售策略計畫為客戶規畫出適合的銷售策略，主要是幫助釐清銷售過程中需要掌握的重點方向，還有預判意料之外的問題從而提前布局。

4. 溝通面：累積對方的信任度不是很會說話就能建立，還包含客戶對該業務在職業上的操守，以及專業能力的展現，

才會建立起信任感。因為人們在合作時，除了提供的商品外，還會考慮業務本身的專業能力，是否只是剛好達到客戶的需求，還是會有超越期待的價值感。

　　除了這些之外，接受高等教育的理論薰陶也是必經之路，如逢甲大學與國立中興大學行銷學系的必修及選修課程，有機會一定要去學習，詳述如下。

▌逢甲大學（行銷學系創立於民國 98 學年度 8 月）▌

　　必修課程：行銷學、消費者行為、行銷管理、行銷研究方法、行銷倫理與法律、行銷策略、品牌管理、廣告學、公關學、電子商務、國際行銷、服務行銷、行銷專題。

　　選修課程：行銷學專題、行銷管理專題、行銷研究方法專題、行銷倫理與法律專題、行銷策略專題、品牌管理專題、廣告學專題、公關學專題、電子商務專題、國際行銷專題、服務行銷專題、行銷實務、行銷創新、行銷數據分析、行銷心理學、行銷研究方法、行銷學專題研究、行銷管理專題研究、行銷研究方法專題研究、行銷倫理與法律專題研究、行銷策略專題研究、品牌管理專題研究、廣告學專題研究、公關學專題研究、電子商務專題研究、國際行銷專題研究、服務行銷專題研究、行銷實務研究、行銷創新研究、行銷數據分析研究、行銷心理學研究。

▌國立中興大學（行銷學系創立於民國 90 學年度 8 月）▌

必修課程：行銷學、消費者行為、行銷管理、行銷研究方法、行銷倫理與法律、行銷策略、品牌管理、廣告學、公關學、電子商務、國際行銷、服務行銷、行銷專題。

選修課程：行銷學專題、行銷管理專題、行銷研究方法專題、行銷倫理與法律專題、行銷策略專題、品牌管理專題、廣告學專題、公關學專題、電子商務專題、國際行銷專題、服務行銷專題、行銷實務、行銷創新、行銷數據分析、行銷心理學、行銷研究方法、行銷學專題研究、行銷管理專題研究、行銷研究方法專題研究、行銷倫理與法律專題研究、行銷策略專題研究、品牌管理專題研究、廣告學。

現在大學都有提供在職碩專班、金融學博士班或商學博士班，比起以前，進修的機會開放很多，鼓勵大家要有企圖心努力上進。從正式的學制開始，這對將來職涯的發展會有很大的影響。

學習有很多管道，有公司的培訓課程，有外部的企管公司的收費課程，有學校的學歷課程。而正式的學校學制是學習最好、最有效的方法，老師都是博士級的師資，一個課程分為 16 週，有作業又有考試，如果學生認真學習，不翹課、按時預習與複習、準備考試，一定有所獲益。

第五節　推銷的平行架構

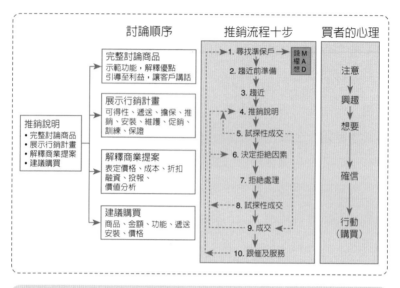

推銷的平行架構

　　這一張圖詳細說明了推銷的流程，從推銷說明、討論順序、推銷流程十步到買者的心理。

　　推銷說明：包括完整討論商品、展示行銷計畫、解釋商業提案及建議購買 4 個階段。

1. 完整討論商品

　　(1) 示範功能，解釋優點。

　　(2) 引導至利益，讓客戶講話。

2. 展示行銷計畫

(1) 可得性、遞送、擔保、推銷。

(2) 安裝、維護、促銷、訓練、保證。

3. 解釋商業提案

(1) 表定價格、成本、折扣。

(2) 融資、投資報酬。

(3) 價值分析。

4. 建議購買

(1) 商品、金額、功能、遞送。

(2) 安裝、價格。

推銷流程十步包括：1.尋找準保戶；2.趨近前準備；3.趨近；4.推銷說明；5.試探性成交；6.決定拒絕因素；7.拒絕處理；8.試探性成交；9.成交；10.跟催及服務。本書前九章有詳細的介紹。

最後，業務員必須考慮客戶的心理，也就是最早的推銷模型 AIDCA，從引起注意（Attention）、產生興趣（Interest）、想要（Desire）、獲得確認賣方（Conviction）到採取行動購買（Action）。

第六節　推銷在推銷什麼？

推銷是科學也是藝術，推銷雖困難卻也很容易。

推銷是科學，因為多年的發展，相關的知識與技巧都已被發展，心理學、會計學、行銷學、管理學……，所以推銷是科學。

推銷是藝術，因為每一個客戶都是獨一無二的，客戶的期待、客戶的想法，都很難拿捏，業務員應該推動的尺度更是一種藝術。

推銷是一個困難的工作，不是每一個人都能夠擔任。歷年來做過離開的人不計其數，成功的人士也不太多；但如果只是達到責任額，其實並不是十分困難。要成功，需要付出努力與代價，做得比一般人更好。

推銷到底在推銷什麼？

直銷業排名第二的如新（NuSkin）公司在賣化妝品及生髮的軟膏，他們說他們在賣「找回青春的心」，化妝品公司則說他們是在賣「美麗」。其實商品還有其隱意，保險是在賣「信任」以及品牌名聲，人壽保險業務員的核心本質是創造人與人之間的信任感。因此，人壽保險業務員需要具備誠信的心態、熱情的感染力、專業的素養、明確的目標和不斷地學習找到正確的銷售方法。有一個專家說保險公司的真正商品是「忠告與指導」，忠告客戶做保險理財規畫，指導客戶如何買保

險。如何推銷忠告與指導呢？要推銷「值得信賴」。如何推銷「值得信賴」呢？那就要做到3點：1.品格；2.專業能力；3.讓客戶感受到被關心。

1. 品格包括：

    (1) 你的誠信。

    (2) 你的原則。

    (3) 你對別人的尊敬。

    (4) 你的專業知識。

    (5) 你的溝通能力。

2. 專業能力則包括：

    (1) 各種證照。

    (2) 學歷。

    (3) 經歷。

    (4) 管理能力。

3. 讓客戶感受到被關心則包括：

    (1) 說到做到。

    (2) 誠信以對。

    (3) 將客戶的利益放在自己的利益之上。

    (4) 讓客戶感受到被關心。

第七節　推銷的一些理念

1. 推銷是在推銷自己。

2. 推銷是在推銷專業度及信賴度。

3. 推銷是在滿足客戶的需要。

4. 推銷是在解決客戶的問題。

5. 推銷是在創造客戶的價值。

6. 我只推銷東西給朋友，推銷是在交朋友。

7. 推銷是見很多人、見對的人、說對的故事。

8. 推銷是將準客戶轉為客戶，並讓他們滿意。

以下是一些提高人壽保險業務能力的建議：

1. 精通產品知識：了解人壽保險產品的種類、特點、保障範圍、保費等資訊，以便為客戶提供更專業的建議。

2. 建立客戶關係：與客戶建立良好的關係，了解客戶的需求和期望，並提供客製化的保險方案，以期能滿足客戶的需要，解決客戶的問題。

3. 提高溝通能力：學習如何與客戶進行有效的溝通，包括聆聽、表達、解釋和說服等技巧。

4. 擬定銷售策略：根據客戶的需求和市場趨勢，制定適合的銷售策略，提高銷售效率。

5. 不斷學習：關注行業動態和市場變化，學習新的銷售技巧

和保險知識，以提高自己的專業水平。其他領域的知識也很重要，如稅法等。

6. 參加培訓課程：參加公司和行業的培訓課程，學習新的知識和技能，提高自己的專業素養。建議每 3 年參加一次國際研討會與國際同業交流，拓寬自己的視野。

7. 自我評估：每完成一次銷售，回顧自己的表現，找出優點和不足，並制定改進計畫。

博雅文庫 283

人壽保險業務的入門與命脈：
人壽保險推銷循環十步

作　　者 ─ 康裕民

企劃主編 ─ 侯家嵐

責任編輯 ─ 吳瑀芳

文字校對 ─ 林芷安

封面設計 ─ 封怡彤

出 版 者 ─ 五南圖書出版股份有限公司

發 行 人 ─ 楊榮川

總 經 理 ─ 楊士清

總 編 輯 ─ 楊秀麗

地　　址：106臺北市大安區和平東路二段339號4樓

電　　話：(02)2705-5066　傳　　真：(02)2706-6100

網　　址：https://www.wunan.com.tw

電子郵件：wunan@wunan.com.tw

劃撥帳號：01068953

戶　　名：五南圖書出版股份有限公司

法律顧問：林勝安律師

出版日期：2024年8月初版一刷

定　　價：新臺幣300元

國家圖書館出版品預行編目（CIP）資料

人壽保險業務的入門與命脈：人壽保險推銷循環十步
　／康裕民著. -- 初版. -- 臺北市：五南圖書出
　版股份有限公司，2024.08
　面；　公分
　ISBN 978-626-393-476-4(平裝)

1.CST: 人壽保險　2.CST: 保險行銷

563.73　　　　　　　　　　　　　113008883